行動経済学の使い方

大竹文雄
Fumio Ohtake

岩波新書
1795

はじめに

私たちの生活は起きてから寝るまで意思決定の連続である。しかし、そのほとんどは、習慣的になっていて無意識に行われている。何時に起きるのか、何を食べるのか、何を着ていくのか、仕事では何をするのか、買い物は何をするのか、何時に寝るのか。こうした決定のすべてに頭を使って真剣に考えていては、疲れてしまう。それでも、毎日のすべての食事をあらかじめ決まったものにしているわけではないように、意思決定を自覚的にしている部分がある。日々の買い物のようにそれほど重要でないこともあれば、住宅の購入、就職、結婚、病気の治療といった人生の重要な意思決定もある。だれもが意思決定に悩むところだ。

このような意思決定をする際には、私たちは情報を集めれば集めるほど合理的な意思決定ができると考えて、多くの情報を集めることが多い。しかし、情報が集まれば意思決定をしやすくなるかというとそうでもない。あまりにも多くの情報があると、選択ができなくなってしまうことがある。蛍光灯ランプが切れた時に大型家電量販店に買い物に行くと、あまりにも多くの種類があり、選ぶのに時間がかかったという経験はないだろうか。近所のコンビニなら選択肢が限られているのですぐに買い物ができる。この場合、価格、性能、買い物にかかった時間をすべて考えると、どちらで買うことがよかったのかを判断するのは意外に難しい。

似たようなことは、私たちが病気になって病院で医者から治療方針の説明を受ける時にも感じる。医者は、治療法をいくつか提案して、それぞれのメリットとデメリットを述べる。「後遺症が出る確率は何%、うまくいく確率は何%です」「もう少し検査をすると正確なことがわかるかもしれないですが、検査をするには痛みと傷跡が残ります」というものだ。「終末期になった時に、人工呼吸などの生命維持治療を行いますか?」という深刻な質問を受けることもある。こういう質問に、すぐに答えられる患者や家族は少ない。選択の自由があることは嬉しいが、医療の専門家でもない患者が、医者から与えられただけの情報で正しい意思決定をするとは限らない。もう少し患者が意思決定しやすいように聞いてもらえたら、と多くの人は思っているのではないか。一方で、意思決定ができなかったり、医学的には望ましくない意思決定をしたりする患者がいた場合、医者の方は正確な医学情報さえ与えられれば、患者は合理的な意思決定ができると考えているようだ。

実際、医者からこのような考え方を聞いた際に、私は伝統的経済学におけるホモエコノミカス(合理的経済人)を思い出した。ホモエコノミカスとは、利己的で高い計算能力をもってすべての情報を用いた合理的意思決定を行う人間のことである。伝統的経済学では、そのような人間像を前提に経済学を構築してきた。しかし、1980年代から発展してきた行動経済学では、人間の意思決定には、伝統的な経済学で考えられている合理性から系統的にずれるバイアスが存在することが示されてきた。現代の行動経済学では、そのような人間の意思決定を前提にした経済学の構築が進められている。

伝統的経済学が前提とする合理的意思決定者なら直面しないはずだが、私たちが直面している様々な悩みを、行動経済学は分析対象としている。老後の貯蓄が必要だと思っていてもなかなかできない、宿題や仕事の締め切りがあるのにそれを先延ばししてしまう、ダイエットの計画は立てられるのに実行できない、といったことは典型的な行動経済学的特性である。実際、長時間労働をしている人の中には、仕事の先延ばし傾向が強い人がいる。行動経済学を理解することで、私たち自身の意思決定をよりよいものにすることができるだろう。

では、人間の意思決定には、どのような特徴があるのだろうか。行動経済学は、人間の意思決定のクセを、いくつかの観点で整理してきた。すなわち、確実性効果と損失回避からなりたつプロスペクト理論、時間割引率の特性である現在バイアス、他人の効用や行動に影響を受ける社会的選好、そして、合理的推論とは異なる系統的な直感的意思決定であるヒューリスティックスの4つである。

つまり、人間の意思決定は合理的なものから予測可能な形でずれる。逆に言えば、行動経済学的な特性を使って、私たちの意思決定をより合理的なものに近づけることができるかもしれない。金銭的なインセンティブや罰則付きの規制を使わないで、行動経済学的特性を用いて人々の行動をよりよいものにすることをナッジと呼ぶ。

この本では、行動経済学の考え方をわかりやすく解説し、行動経済学を使ったナッジの作り方と、仕事、健康、公共政策における具体的な応用例を紹介する。読者は行動経済学の基礎力と応用力を身につけることができるだろう。

本書のもとになった研究については、文献解題で解説し文献リストもつけたので、関心を持たれた読者は参考にしてほしい。

目　次

図版製作＝前田茂実

第1章　行動経済学の基礎知識

従来の経済学では、計算能力が高く、情報を最大限に利用して、自分の利益を最大にするように合理的な行動計画を立てて、それを実行できるような人間像を考えてきた。行動経済学は、従来の経済学で考えられていた人間像をいくつかの点で現実的なものに変えている。

第一に、不確実性のもとでの意思決定の仕方に違いがある。従来の経済学では、人間は将来起こりうる事態が発生した際の満足度をその発生確率で加重平均した値をもとに意思決定していると考えてきた。行動経済学では、プロスペクト理論と呼ばれる考え方で、人々は意思決定すると考えられている。その際、利得と損失を非対称に感じたり、ある事象が発生する確率をそのまま使わないという特徴がある。

第二に、現在と将来で、いつ行動するか、という意思決定において伝統的経済学と行動経済学で異なっている。従来の経済学では、将来のことを今決めると、時間が経ってもそれ以外の状況に変化がなければ、決めたことをそのまま実行できると想定されている。しかし、私たちは、嫌なことを先延ばししてしまい、後悔することも多い。行動経済学は、現在バイアスという特性を用いて、このような先延ばし行動を説明する。

第三に、従来の伝統的経済学では、利己的な人間を前提にしても競争的市場があれば、社会が豊かになることを考えてきた。行動経済学では、利他性や互恵性を人間がもっていることを前提にして人間社会を考える。

第四に、従来の経済学では、計算能力が高い人間を前提にしていたが、行動経済学では計算能力が不十分なことを前提に直感的な意思決定をすることを考えている。そうした一定のパターンをもった直感的意思決定をヒューリスティックスと呼んでいる。

この章では、これらの行動経済学的な基礎概念をわかりやすく説明しよう。

1　プロスペクト理論

リスクのもとでの意思決定

あなたは天気予報の降水確率が何％以上の時に傘をもって出かけるだろうか。50％と答える人もいれば、30％と答える人もいる。中には、雨が降っていない限り傘はもっていかないという人もいるだろう。降水確率が100％でなければ、傘をもっていなくても雨に濡れない可能性がある。しかし、雨が降ってしまうと、ずぶ濡れになる危険がある。一方、傘をもっていくと、雨に濡れる可能性はなくなるが、荷物が重くなる。傘をもって出かけるというのは、雨が降って濡れてしまうというリスクに対して保険をかけているのと同じである。傘をもっていく手間が、保険料に相当する。これは、雨が降るというリスクのもとでの意思決定なのである。リスクを避けたい人は、降水確率が低くても傘をもって出かけるだろうし、リスクが平気な人は降水確率が高くても傘をもたずに出かけるだろう。

自動車を買った際に、任意保険にどの範囲まで加入するのかも似たような決断である。自分の車が壊れた時の車両保険にどこまで入るのか。保険料が高くなっても全額カバーするのか、それとも全く車両保険をかけないのか。病気になって医者から治療法の選択を迫られることもある。ある治療法によって治癒する確率はx%、副作用が発生する確率はy%、別の治療法ではそれぞれ何%という情報が与えられて、どちらの治療法を選びますかという選択である。この場合は、どちらの選択肢にもリスクがある。

私たちの生活は、このようなリスクに満ち溢れている。病気になるリスクもあれば、交通事故や犯罪にあうリスクもある。進学先や就職先を選ぶ際も、どの進路を選べばその後のキャリアが確実になるかはわからない。現在時点で業績のよい産業が将来不況業種になってしまうかもしれない。私たちは常にこのような複雑なリスクのもとで自分の満足度を最大にするように意思決定をしているはずだ。

伝統的経済学では、リスクのもとで意思決定をする場合、私たちはそれぞれの選択肢の発生確率とその際の満足度で測った利得を掛け合わせた数学的期待値（期待効用）に基づいて決めると考えられてきた。しかし、現実には、私たちはすべてのことについてそんな計算をしているわけではない。また、リスクのもとでの私たちの意思決定は、伝統的な経済学で使われてきた考え方と異なることが行動経済学者によって明らかにされてきた。確実性効果と損失回避という2つの特徴である。これらの特徴を明らかにしたカーネマンとトベルスキーは、それらをまとめてプロスペクト理論と呼んだ。

確実性効果

確実性効果を理解するために、具体的な例で考えてみよう。つぎの2つのくじから1つのくじを選ぶとき、読者はどちらのくじを好むだろうか。

問題1

A　確率80％で4万円が得られる
B　１００％確実に3万円が得られる

多くの実験から、Bの「１００％確実に3万円が当たる」くじを好む人が多いことが知られている。では、つぎの2つのくじでは、どちらのくじを好むだろうか。

問題2
C　確率20％で4万円が得られる
D　確率25％で3万円が得られる

この2つであれば、Cの「確率20％で4万円が当たる」くじを選ぶ人が多いことが知られている。

問題1でBを選び、問題2でCを選ぶ人は、伝統的な経済学における合理性の仮定と矛盾している。そのことを示してみよう。x万円のくじに当たったときに感じる満足度を「満足度(x万円)」と書くとしたとき、最初の選択でBのくじを選ぶ人は、

満足度(3万円)>0.8×満足度(4万円)

という好みをもっていると伝統的経済学では表現できる。

ここで、この式の両辺に0.25をかけても、この関係は変わらないはずである。すなわち、

0.25×満足度(3万円)>0.2×満足度(4万円)

という関係がなりたっていると伝統的経済学からは予想できる。この式の意味するのは、3万円が25%の確率でもらえる方が、4万円が20%の確率でもらえるよりも嬉しいということだ。つまり、問題1でBを選んだ人は、問題2ではDを選ぶはずである。しかし、実際には、多くの人がCの選択肢を選んでおり、この点が伝統的な経済学の予想と矛盾している。

つまり、リスクのある意思決定の際に、満足度の平均値（期待効用）を計算して、その大小で選択しているという考え方では説明できない。一つの可能性は、期待効用を計算する際のウェイトに客観的な確率をそのまま使っていないというものだ。具体的には、80%や90%という比較的高い確率のものを実際は低い確率だと感じる傾向がある一方で、10%や20%という比較的低い確率をより高く感じる傾向がある。私たちは、このような確率認識のもとで、不確実性が伴う意思決定を行っている。確実なものとわずかに不確実なものでは、確実なものを強く好む傾向がある。これを**確実性効果**と呼ぶ。

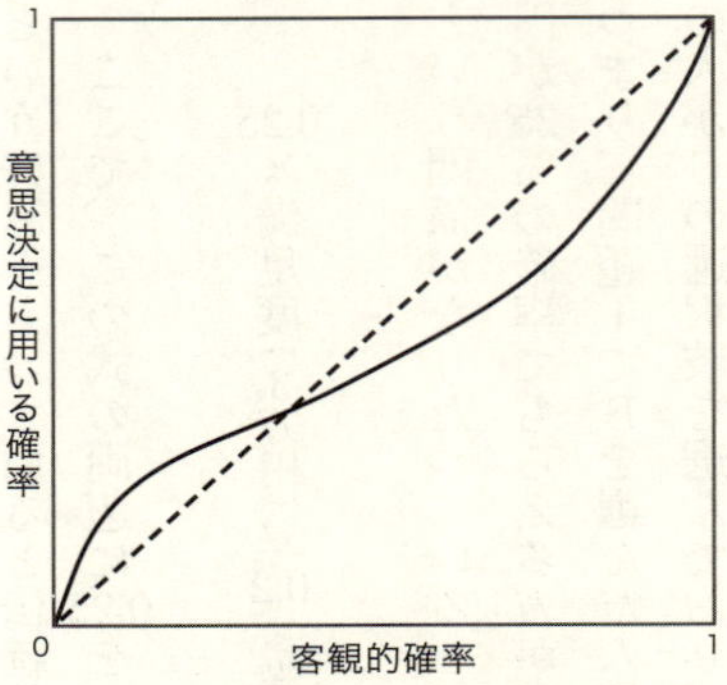

図1-1　客観的確率と意思決定に用いる確率

カーネマンとトベルスキーによると、私たちが意思決定に用いる確率と客観的確率は、図1-1のように乖離しているという。30%から40%の間では、客観的確率に近い値を意思決定に用いていると考えられる。しかし、確実に発生しないという0%の状況から小さな確率で発生するという状況に変わったときには、その確率を実際よりも高い確率で発生するように私たちは認識する。逆に、確実に生じるという、１００％の状況からわずかにリスクが発生すると、確実性が大幅に低下したように感じるのだ。

このように客観的確率と意思決定に用いる確率が乖離するような状況で、私たちは意思決定を迫られることがある。例えば、ワクチンの予防接種の副作用が0.01％の確率で発生するとか、後遺症は１％の確率で生じるという情報を得た上で意思決定をする場合だ。私たちは、このように小さな数字であっても、実際よりも発生率が高いように感じてしまう。もし、小さな確率であるにもかかわらず、それを過大に感じて、合理的な判断をすることが難しいというのであれば、確率で表現することを避けるというのも一つである。例えば、１％の確率で悪い状況が発生するものについては、「１００人中99人には副作用が発生しません」という表現をする方が、副作用の危険性を小さく感じるのである。

客観的確率と意思決定に用いる確率が乖離する例には、自信過剰や楽観と呼ばれるものもある。自分の能力を過大に認識することで、試験の合格確率を客観的な合格確率よりも高く予想する場合が自信過剰である。自信過剰には、男女差があるという研究結果がある。例えば、他人と競争させて勝者のみが報酬を受け取るトーナメント競争か、他人の出来高とは無関係に自分の出来高だけに応じて報酬を受け取る出来高払いかを選択させる研究が多くの国で行われている。先進国で行われた研究の多くでは、能力が同じであっても男性の方が女性よりもトーナメント競争による報酬体系を選ぶ傾向がある。その理由にはいくつかのものがある。第一に、トーナメントでは他人の能力についての不確実性が入ってくるので、リスクを嫌う程度に男女差があることが影響している。第二に、競争そのものを好む程度に男女差がある。そして、第三に、自信過剰の程度に男女差があるのだ。同様に、チームからリーダーを選ぶ際にも、男性の方が女性よりも自信過剰であるため、高めの能力があると主張する結果、男性の方が女性よりもリーダーに選ばれやすい。

損失回避

プロスペクト理論のもう一つの柱は、損失回避である。損失回避を理解するには、コイントスのくじについての質問を考えるとわかりやすい。問題3のAとBの二つの選択肢ではどちらを選ぶだろうか？

問題3

A　コインを投げて表が出たら2万円もらい、裏が出たら何ももらわない。
B　確実に1万円もらう

では、つぎの問題4はどうだろうか？

問題4
C　コインを投げて表が出たら2万円支払い、裏が出たら何も支払わない。
D　確実に1万円支払う。

このコイントスの質問では、問題3でBを選び、問題4でCを選ぶ人が多い。平均的な利得は、問題3ではどちらの選択肢も1万円の利得であり、問題4ではそれぞれ1万円の損失である。問題3のような利得局面ではリスクのある選択よりも確実な選択を好む人が、問題4のよ

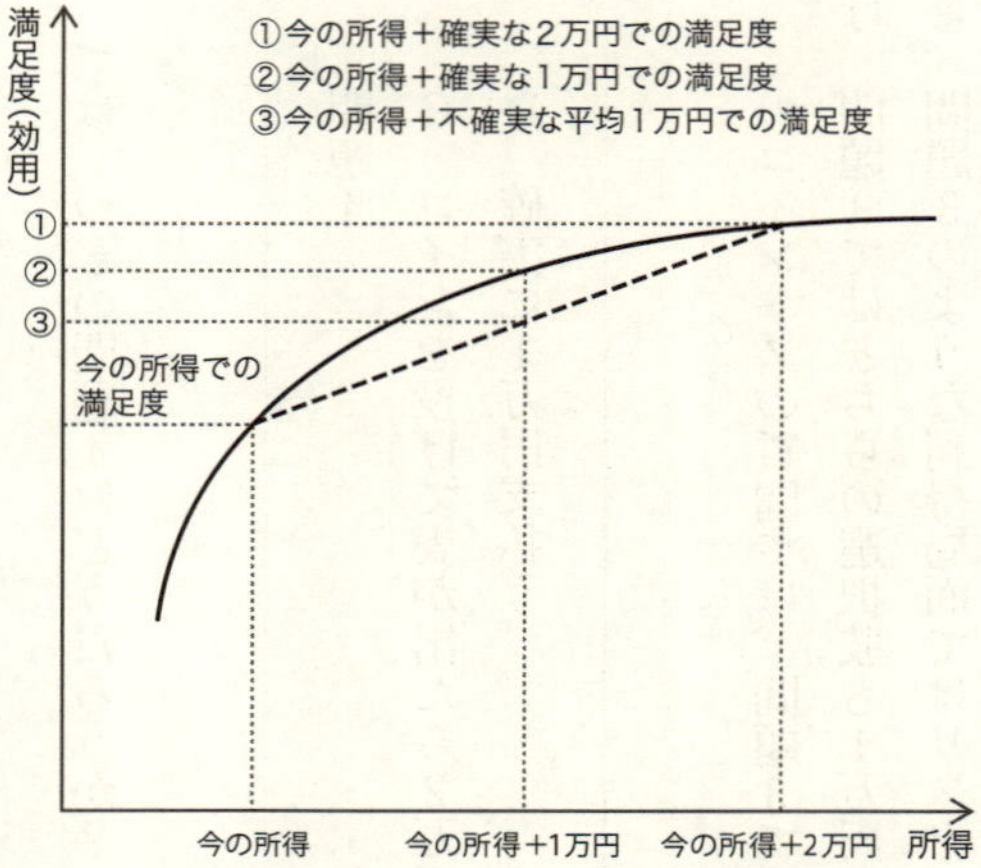

図 1-2　不確実な利得と満足度の関係

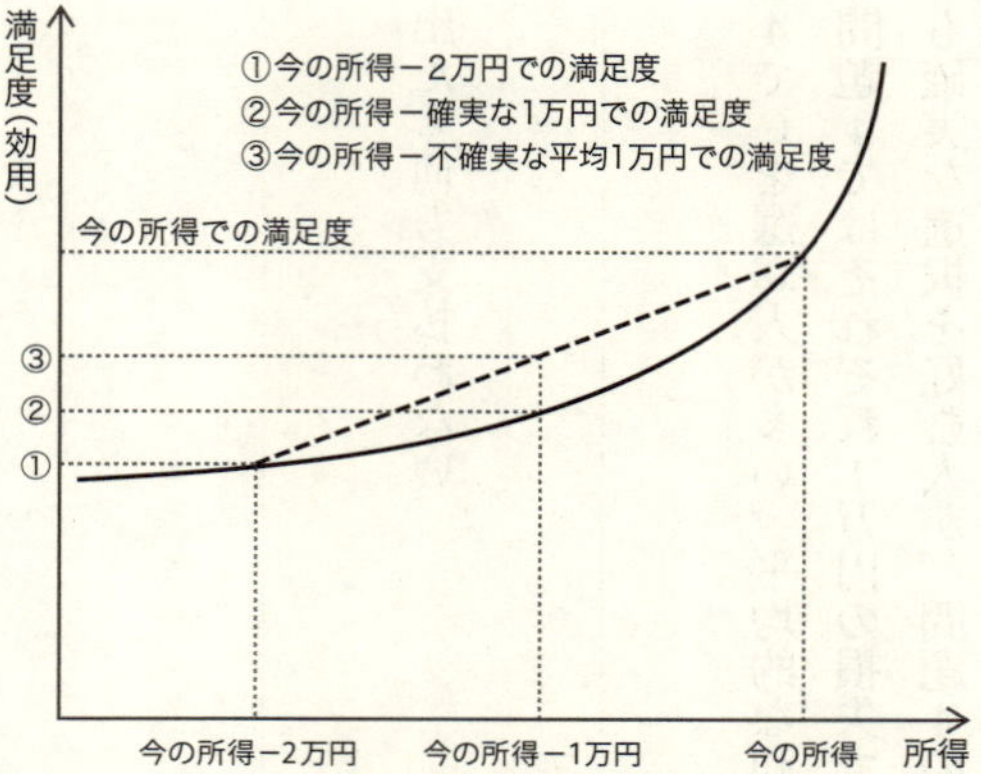

図 1-3　損失リスクと満足度の関係

うな損失局面ではリスクが大きい選択を好む傾向にある。

問題3でBを選んだ人は、平均的な利得が同じであれば、確実な方の満足度が高いということだ。このような好みをもつ人を経済学では、**リスク回避的**と呼ぶ。所得と満足度（経済学では効用）の関係を図示すると図1-2のような関係で表される。

一方、問題4でCを選んだ人は、平均的な損失が同じであれば、不確実な方の満足度が高いということになる。このような好みをもつ人を**リスク愛好的**と呼ぶ。

問題3と同様に、所得と満足度の関係のグラフを問題4について描くと図1-3のグラフのようになる。所得と満足度の関係が、問題3と問題4で全く異なってしまうことになる。本来、所得と満足度の関係は安定しているはずなのに、同じリスクであっても、利得局面ではリスク回避的で、損失局面ではリスク愛好的な好みをもつことになる。

では、つぎの問題5は、どちらの選択肢を選ぶだろうか。

問題5　あなたの月収が30万円だったとする。
E　コインを投げて表が出たら今月は月収が28万円、裏が出たら30万円のまま。
F　今月の月収は確実に29万円。

問題5は、「＊万円支払う」という損失表現でなく、「月収＊万円を得る」という利得表現で書かれているところに違いがあるが、問題4と本質的に同じことを異なる表現で示したものである。合理的な人なら、どのように表現されていようが、論理的に同じものであれば、その表現のされ方とは無関係に、好む方を選択するはずである。それにもかかわらず、問題4ではCのリスクのある選択肢を選んでいた人でも、問題5ではFの確実な選択肢を選ぶ人がかなりいる。この時は、図1-2のような好みをもっていたということになる。

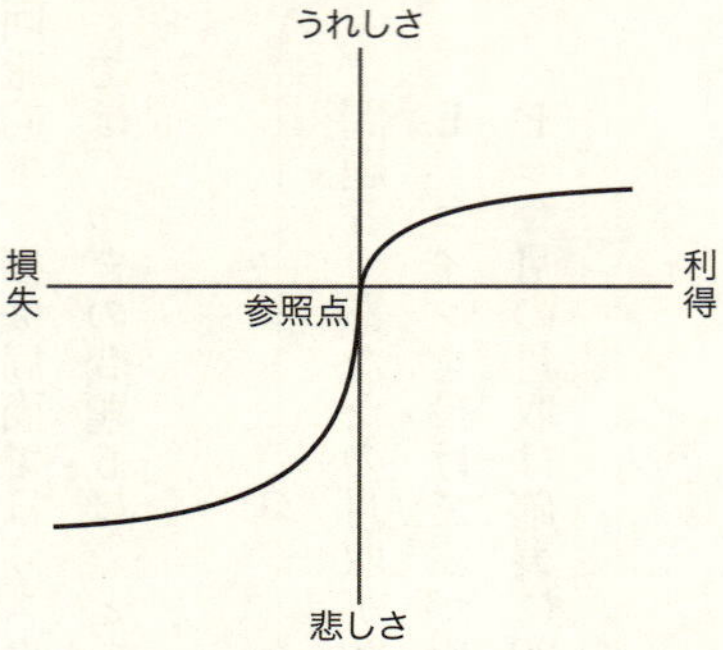

図 1-4　損失回避

このような私たちの意思決定の特性が損失回避と呼ばれるものであり、図1-4を使って説明されることが多い。この図では、横軸に利得と損失を示している。原点は参照点を表している。参照点というのは、比較対象とする水準である。典型的には、今もっている所得水準を参照点とすることが多い。つまり、今の所得を参照点とすれば、それより所得が増えることが利得であり、参照点の所得より所得が減ることが損失である。右側にいくほど、参照点からの利得が大きいことを示している。逆に、左側にいくと参照点と比べて損失が大きくなることを示している。縦軸は、それぞれの利得や損失から得られる価値である。利得を得られれば、嬉しいという正の価値を感じる。それが、原点から上にいくと正の価値が大きくなることが表現される。逆に、原点から下にいくと損失からの負の価値が大きくなることを意味する。

損失回避とは、図1-4において、原点である参照点の左右で、価値を示す曲線の傾きが大きく異なることをいう。具体的には、利得を生じた場合の価値の増え方と損失が生じた場合の価値の減り方は、後者の方が大きいということである。つまり、利得・損失と価値の関係を示す曲線が原点の右と左で傾きが異なっていて、損失の局面の傾きが大きい。これは、損失の場合は、少しの損失でも大きく価値を失うということを意味する。つまり、利得よりも損失を大きく嫌うということである。これが損失回避である。

ここまでの議論で、私たちはくじの利得だけを考えて意思決定していると考えてきた。しかし、よく考えると、そのような意思決定は必ずしも合理的ではない。なぜなら、私たちは、生活水準や資産額に比べると非常に小さなくじの金額だけで意思決定していることになる。伝統的経済学では、消費や余暇の水準そのものから価値を感じるとされる。それなら、私たちは、常に問題5のように考えて意思決定をすべきであり、どのような表現をされても意思決定を変えないはずだからだ。

プロスペクト理論では、人々は参照点との差から価値を感じるとされている。参照点は、通常現在の状況を基準に考えることが多い。しかし、参照点には、自分が購入した価格、自分の過去の所得や消費水準、他人の所得水準や消費水準など様々なものが考えられる。コイントスの例で言えば、参照点は、コインを投げる前の所得水準であり、私たちはその水準から所得が増えた額や減った額から価値を感じると考えられている。

人々はこの参照点を上回る利得と、それを下回る損失では、同じ金額の動きであっても損失を大きく嫌う。同じ額の利得と損失では、損失の方を2倍から3倍嫌うということが実験結果から示されている。

損失回避のもう一つの特徴は、利得が増えていった場合も損失が増えていった場合も、増えていくことによる感じ方は小さくなっていくというものである。この特性が、リスクに対する態度の非対称性をもたらす。利得局面ではリスクがあるものよりも確実なものの方を好むというリスク回避的な傾向があるのに対し、損失局面では確実なものよりもリスクがあるものを好むというリスク愛好的だという特徴である。このため、損失を確実にするという安全な選択肢よりは、大きな損失があるかもしれないが参照点を維持できるという、リスクのある選択肢を選ぶという人間の特性を説明できる。

例として、株式の保有について、購入価格よりも株価が上昇した場合に利益確定はできるけれど、株価が下がった場合に損切りができないという行動は、この損失回避効果で説明できる。また、参照点を同僚の行動にすれば、後述する同僚から遅れたくないという「ピア効果」や「同調効果」も説明できる。

フレーミング効果

損失回避や確実性効果などを背景にして、同じ内容であっても表現方法が異なるだけで、人々の意思決定が異なることを**フレーミング効果**と呼ぶ。

ある手術を行うかどうかについて、つぎの情報が与えられたとき、あなたは手術をすることを選択するだろうか。

A「術後1か月の生存率は90％です。」

では、つぎの情報が与えられたときのあなたの選択はどうだろう。

B「術後1か月の死亡率は10％です。」

医療者にこの質問をした場合に、Aの場合なら約80％の人が手術をすると答えたが、Bの場合なら約50％の人しか手術をすると答えなかったという研究がある。AもBも情報としては、同じ内容である。しかし、損失を強調したBの表現の場合には、手術を選びたくないと考えるのである。これは、質問者のフレーミングによって死亡率という損失が強調されることで、損失回避行動が引き起こされているのである。

「テストの成績が前回よりも上がれば2000円渡す」というのと、「2000円渡すけれど、テストの成績が前回よりも下がればそれを返してもらう」というのとでは、実質的には同じ提案を子どもにしている。しかし、後者の方は、損失を強調したフレーミングになっている。

保有効果

現状を変更する方がより望ましい場合でも、現状の維持を好む傾向のことを**現状維持バイアス**という。現状維持バイアスが発生するのは、現状を参照点とみなして、そこから変更することを損失と感じる損失回避が発生しているためと考えることもできる。

電力会社の契約先や携帯電話の契約先を変更した方が得なのに、現状の契約を維持し続けるのも、切り替えの費用に加えて、現状維持バイアスが影響しているかもしれない。会議や授業でたまたま最初に座った席に次の時も座り続けるのも、最初に座った席が参照点になってしまうことによる現状維持バイアスと解釈できる。

現状維持バイアスを**保有効果**で説明することも可能だ。つまり、現在の状態を自分がそれを保有していると感じてしまうのだ。保有効果とは、既に所有しているものの価値を高く見積もり、ものを所有する前と所有した後で、そのものに対する価値の見積もりを変えてしまう特性のことを指す。例えば、企業が無料で試供品を配布するのは、この保有効果を狙った販売戦略である。

カーネマンらは、マグカップを使った実験で保有効果を説得的に示した。彼らは、学生たちを3つのグループにわけた。第一のグループには、大学のロゴ入りマグカップが与えられている。彼らには、いくら以上の金額ならそのマグカップを売るかという金額を聞く。第二のグループには、マグカップをいくらなら買うかを質問する。第三のグループは、お金とマグカップのどちらを受け取るかについて、様々に金額を変えて質問する。どの質問もマグカップの価値を聞いている。同じマグカップなので、どの場合も学生たちの答えはほぼ同じになるはずだ。しかし、最初からマグカップをもらっていた学生たちは、それを手放すのに、7ドルを必要とした。

一方、マグカップをもっていない学生たちにいくらなら買うかという質問をした第二のグループでは、2ドルという半分以下の金額であり、お金かマグカップかを選択させた学生たちは、3.5ドルという第一のグループの半額を答えた。つまり、マグカップに対する価値の見積もりが、それを所有する前と後で倍になったということだ。私たちの好みというのは、意外に変動しやすいということだ。

2　現在バイアス

先延ばし行動

肥満は様々な生活習慣病の引き金になると言われている。40歳から74歳の人にメタボリックシンドロームに着目した特定健診が行われているのも生活習慣病を予防するためである。多くの人は、肥満になると将来の健康が悪化する可能性が高まることを知っている。それにもかかわらず、肥満になってしまう人がいる。

伝統的な経済学では、「太った人は合理的な意思決定の結果太っていて、太ることを望んだ結果だ」と考える。つまり、食事をする際に、もう一口食べると食欲が満たされる嬉しさとそれによって将来太るという損失を天秤にかけて、前者が後者を上回る限り食べ続け、ちょうどバランスするところで食事をやめると考えるのだ。その結果、太っているなら、最初から覚悟をしていたことであるので、後悔はしないはずで、それ以上痩せたいとは考えないはずだ。もし、太りたくなかったのであれば、食事をする段階で、カロリー摂取を抑えていたか、運動してカロリー消費を増やしていたはずだ。

しかし、実際にはダイエットを計画しても、今日は食欲を優先し、明日からダイエットをしようといつも考えている人がいる。計画はできるのに、それを実行する時になると、現在の楽しみを優先し、計画を先延ばししてしまうという対応である。このような人間の特性は、行動経済学では**現在バイアス**という概念で理解することが一般的である。

現在バイアスを実感できる質問が、つぎの問題6と問題7である。それぞれどちらの選択肢がより好ましいだろうか。

問題6
A　今1万円もらう。
B　1週間後に1万100円もらう。

問題7
C　1年後に1万円もらう。
D　1年と1週間後に1万100円もらう。

問題6では選択肢A、問題7では選択肢Dを選ぶ人が多い。1週間待って100円受取額が増えるということは、1週間待てば1％金額が増えることを意味するので、金融商品として考えると非常に高い金利だということになる。しかし、1週間で1％という金利であっても、多くの人はその金利を犠牲にして低い金額なのに現在時点でお金を受け取ることを選ぶ。

一方、1週間における金利が1％というのは同じであっても、それが1年後であれば、1％の金利に満足して、1週間遅い受け取りを選ぶのだ。つまり、遠い将来であれば、忍耐強い選択ができるが、直近のことになるとせっかちになり、低い利得であっても現在手にすることを選ぶのである。

これは2つの高さの異なる木を遠くから見た時と近くから見た時で、2つの木の高さが異なって見えることに似ている。図1-5の上図のように、地点アという遠くから2つの木を見た場合は、より遠くにある背が高い木Bの方が、手前にある背が低い木Aよりも人間の目にも高く見える。しかし、同じ2つの木を低い方の木であるAにもっと近づいて、地点イから見ると、図1-5の下図のように、手前のAの木の方が、後ろのBの木よりも高く見えてしまう。

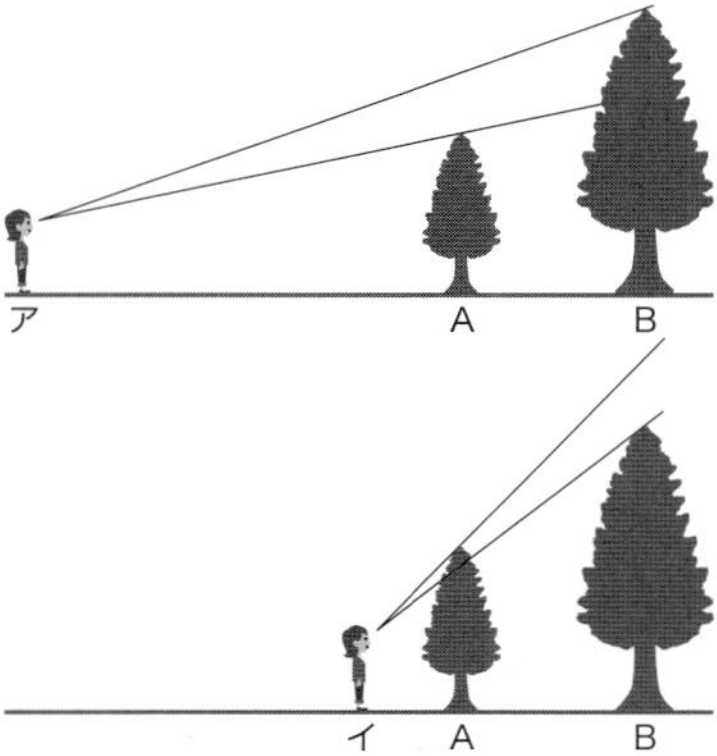

図1-5　遠くから見た時の2つの木の高さと近くから見た時の2つの木の高さ

このように遠い将来のことであれば、より高い木が高く見えたのと同じように、少しでも高い金額のものを選択できるのに、近い将来の選択になると、金額が少なくてもすぐに手に入るものの方が魅力的になってしまうのである。

遠い将来にダイエットを始めるのであれば、ダイエットを始めることによって得られる将来の健康の価値は大きく感じられる。しかし、今からダイエットを始めるということになれば、将来の健康の価値よりも、今の食事を楽しむ価値の方が大きくなる。

このような現在バイアスは、様々な場面で観察できる。例えば、小学生や中学生の頃に、夏休みの宿題をいつしたかを質問すると、多くの人は夏休みの終わりの方にしたと答える。ところが、夏休みの前に、夏休みの宿題をいつやるつもりだったかを質問すると、多くの人は夏休みの前半にするつもりだったと答えるのである。これも現在バイアスから生じる先延ばし行動だと解釈できる。時間が経過した以外に、他の環境の変化がないにもかかわらず、選択が変化してしまうことを「時間非整合な意思決定」と呼ぶ。

コミットメント手段の利用

様々な研究によれば、現在バイアスの傾向をもっている人は多い。しかし、そのすべての人が先延ばし行動をとっているわけではない。先延ばししないように、自分の将来の行動にあらかじめ制約をかけるような**コミットメント手段**を利用している人が多いからである。例えば、老後のための貯蓄を計画的にする場合、給与天引き型にして、短期間では引き出しすることができない口座に貯蓄することもコミットメントである。また、禁煙やダイエットの目標を周囲に宣言する、タバコやスナック菓子の買い置きをしないこともそれに含まれる。

コミットメントが現在バイアスによる先延ばし行動を減らすのに有効だということを示した実験がある。研究者たちは、実験参加者たちに最低2日間以上間が空いた3回の日程で異なる映画をリストの中から選んで見てもらうという実験を行った。リストにある映画は2種類のグループから成っていて、「シンドラーのリスト」のような教養映画と「スピード」のような娯楽映画である。

実験参加者の一つのグループには、毎日その日に見る映画を決めてもらった。もう一つのグループには、1日目に3日分の映画を決めてもらった。どちらのグループも第1日目に教養映画を見た比率は40％強であった。毎日、見る映画を決めてもらったグループでは、教養映画を見た比率は3日間で変化がなかった。しかし、最初の日に3日分の見る映画を決めたグループでは、2日目に63％、3日目に71％の比率で教養映画を選んでいた。つまり、実験参加者の多くは、いつかは教養映画を見たいとは思っているが、それは今日ではない、と考えていたのいる。

将来見たいと思っているものを実現するには、今日の段階で将来の選択をコミットさせて変更できないようにすればよい、ということをこの実験は示している。

また、締め切りを細かく設定することが現在バイアスから発生する先延ばしを防ぐのに有効なことを示す実験もある。研究者たちは学生たちに原稿のタイプミスを訂正する校正の仕事を3枚分、3週間以内に提出してもらうという課題を与えた。修正箇所を1箇所見つけて修正すると10セントもらえ、締め切りから提出が遅れると1日あたり1ドルの罰金が科せられる。締め切りについては、3つの種類がランダムに与えられた。

第一のタイプは、3週間後に3枚すべてを提出する、第二のタイプは、1週間ごとに1枚ずつ提出する、第三のタイプは、締め切りを自分で設定するというものだ。実験結果は、1週間ごとの締め切りが課せられたグループが一番多くの修正箇所を見つけ、締め切りからの遅れも少なかったので最も多くの賃金を獲得した。その次に成績がよかったのは、自分で締め切りを設定したグループであり、成績が最も悪かったのが3週間後に3枚という締め切りだったグループである。

つまり、3週間後に3枚のグループは、校正の仕事を締め切り間際まで先延ばしして、慌てて3枚全部するので、仕事の質も下がってしまったのだ。1週間ごとの締め切りで1枚ずつのグループは、先延ばししたとしても1週間でしかも分量が1枚なので、仕事の質が高く保てたと考えられる。自分で締め切りを設定したグループは、自分が先延ばしをする可能性を考えていた人とそうでない人がいて、締め切りの設定の仕方が違ってきたため、両グループの中間の結果になった。

このように、締め切りを厳しくしたり、締め切りを守らなかった際の罰則を作っておくというのがコミットメント手段であり、現在バイアスによる先延ばしを防ぐ方法だ。しかし、コミットメント手段を使えば必ずうまくいくわけではない。例えば、厳しすぎるコミットメントを課してしまうと、達成できない場合を心配し、最初からコミットメントを利用しないで、目標達成そのものを諦めてしまう可能性がある。また、目標を達成できない場合の罰則を設定しておいても、罰を与える側がそれを実行することに抵抗感をもち、罰を撤回してしまう可能性がある。その可能性が期待できれば、コミットメントそのものに意味がなくなってしまう。

例えば、夫が目標を守らないと妻から何らかの罰を受けるというコミットメントをした場合を考えよう。妻が夫に罰を与えることに躊躇してしまうかもしれない。夫が最初からこのような妻の行動を予測してしまうと、この罰はコミットメント手段にならない。これを防ぐには、コミットメントは目標が達成されなければ自動的に実行されるようなものでなければならない。

コミットメント手段は、自分自身に現在バイアスがあり、将来、先延ばし行動をとってしまうことを知っている場合には、有効な選択である。このように、自分に現在バイアスがあることを自覚しており、コミットメント手段を利用して、それを防いでいる人のことを、行動経済学では賢明な人と呼ぶ。これに対して、現在バイアスがあるにもかかわらず、自分には現在バイアスがないと思っている人のことを単純な人と呼ぶ。単純な人の場合、先延ばし行動をとってしまい、忍耐強い計画を立てることはできても、計画を実行する時点になるとその計画を反古にしたり、先延ばししたりして、結果的には近視眼的な行動をとる。

3 互恵性と利他性

社会的選好

伝統的な経済学では、自分自身の物的・金銭的利得だけを選好する利己的な個人が想定されることが多かった。これに対し、行動経済学では、自分自身の物的・金銭的選好に加えて、他者の物的・金銭的利得への関心を示す選好を人々がもつと想定されている。このような選好は、

社会的選好と呼ばれている。

社会的選好には、他人の利得から効用を得るという利他性、親切な行動に対して親切な行動で返すという互恵性、不平等な分配を嫌うという不平等回避などがある。こうした選好が行動経済学で取り入れられてきたのは、多くの実験研究の結果を説明するためである。

例えば、独裁者ゲームと呼ばれる実験は研究者の間でよく知られている。独裁者ゲームとは、一定の金額(例えば１０００円)を受け取った人に、「その金額から匿名の人に寄付する場合、いくら寄付するか」という質問をして寄付してもらう実験である。利己的な人であれば、１円も寄付をしないことになる。ところが、多くの実験結果では、一定の比率の人たちは独裁者ゲームでも一部を寄付するのだ。

このような実験結果を説明するために、行動経済学では、人々がなんらかの社会的選好をもっていると考えている。例えば、他人の満足度が上がると自分も幸福になるという利他性である。利他性には、２つのタイプがある。第一は、**純粋な利他性**と呼ばれているものであり、第二は**ウォーム・グロー**(暖かな光)と呼ばれているものである。純粋な利他性は、他人の幸福度が高まることが、自分の幸福度を高めるというものである。

一方、ウォーム・グローは、自分が他人のためになる行動や寄付額そのものから幸福感を感じるというものである。あなたが、貧しい人を助けているNPOに1万円寄付したいと考えたとする。この時、このNPOに寄付するとあなたが寄付した額と同額だけ政府から援助があり、1万円の寄付の場合は、2万円がNPOに寄付されることを知った。それでも、あなたは最初に考えた1万円を寄付するだろうか。それとも、NPOが1万円受け取ればいいので寄付額を5000円に減らすだろうか。あるいは、政府から援助があるのなら1万円以上の寄付をするだろうか。政府からの援助の有無で寄付額を変えないのは、あなたが寄付すること自体から喜びを得ているという意味で、ウォーム・グローになる。

互恵性

他人が自分に対して親切な行動をしてくれた場合に、それを返すという選好のことを**互恵性**という。恩恵を与えてくれた人に対して、直接、恩を返す場合は、直接互恵性と呼び、別の人に恩を返すことで間接的に恩を返すことを間接互恵性と呼ぶ。多くの人は、このような互恵性をもっている。贈与を使って人々の意欲を引き出すというのは、互恵性を利用しているとみなすことができる。

企業が従業員に対して、世間相場よりも高めの賃金を支払うと、従業員は経営者から贈与をもらったと感じ、その分、熱心に働くようになるという考え方も経済学では知られている。スーパーマーケットで試食をすると、その食品を買わないと悪いような気がするのも同じである。医療者が通常の職務以上に患者に対して親身になっていると患者が認識すれば、医療者の期待に応えたいと患者は健康行動に積極的になる可能性がある。

逆に、負の互恵性も存在する。自分が他人から損失を被った場合に、たとえ自分の得にならなくても仕返しや罰を与えるという行為である。このことを典型的に示す経済学の実験が、最後通牒ゲームと呼ばれるものだ。最後通牒ゲームとは、1万円を渡されたAさんが、「その1万円を、見ず知らずのBさんとあなたで配分をいくらにするかの提案をしてください。もし、Bさんがその提案を受け入れたら、その金額を二人は手にすることができます。しかし、Bさんがあなたの提案を拒否したら、あなたもBさんもお金を手にすることができません」といわれるものだ。

もし、Aさんが、自分のことだけしか考えない利己的な人間で、Bさんも同じように利己的な人間だということをAさんが知っていたならば、Aさんの提案は、「自分が999円で、Bさんに1円」という配分になるはずだ。Bさんにとっては、提案を拒否して1円ももらわないより、1円をもらう方が満足度は高くなる。したがって、Bさんはその提案を受諾するはずだ。そう考えた利己的なAさんは、Bさんに1円しか配分しない提案をすることになって、Bさんは実際に受諾することになる。

しかし、経済実験の多くの結果は、Aさんの立場になった実験参加者は、自分に7割、相手に3割程度の配分を提案し、Bさんの立場になった実験参加者も自分への配分が3割未満の場合に拒否するということが多いことを示している。

さらには、所得の分配が不平等であること自体を嫌うという**不平等回避**と呼ばれる特性も観察されている。自分の所得が高いことは望ましいけれど、他人よりも高いことや低いことが自分の満足度を下げてしまうという傾向である。不平等回避には、優位の不平等回避と劣位の不平等回避がある。優位の不平等回避というのは、自分だけが他の人よりも恵まれている状況や、他人が自分よりも恵まれていない状況にある場合に、悲しい気持ちになることである。そのような場合には、恵まれない人に対して再分配して所得差を小さくしたいと感じる。逆に、自分よりも所得が高い人がいると不満に思うということであれば、劣位の不平等回避をもつことになる。おそらく、優位の不平等回避よりも劣位の不平等回避の方が強い人が多いのではないだろうか。

4　ヒューリスティックス

近道による意思決定

伝統的経済学では、人間は得られる情報を最大限に用いて合理的な推論に基づいて意思決定すると考えられてきた。とはいえ、私たちは、意思決定に思考費用がかかることから、直感的に判断することが多い。そのため、合理的な意思決定と比べて系統的に偏った意思決定を行うことが知られている。

意思決定に思考費用がかかるのなら、あらかじめ思考費用がかかることを考えて意思決定をすればよいと考える人もいるだろう。しかし、思考費用がかかることを前提に意思決定をするのであれば、そのためにさらなる思考費用がかかってしまう。つまり、思考費用がかかったり、計算能力に限界があったりすることを前提に、合理的意思決定を考えるのはかなり難しい。そこで、**ヒューリスティックス**と呼ばれる直感的意思決定を利用してしまうのである。ヒューリスティックスとは、近道による意思決定という意味である。正確に計算したり情報を集めたりして、合理的な意思決定を行うことと対照的な意思決定の方法である。ヒューリスティックスの中には様々なものがある。そのいくつかのものを紹介しよう。

ヒューリスティックスの例としては、論理的には同じ内容であっても、伝達されるときの表現方法の違いによって、伝えられた人の意思決定が異なってくるというフレーミング効果、直感的な意思決定による系統的な意思決定の偏りをあらわすヒューリスティックス、意思決定の際にその範囲を狭く（ブラケッティング）して考えるメンタルアカウンティングなどが代表的である。人々の計算能力に限界があるという意味の限定合理性のために用いられるヒューリスティックスとして、サンクコストの誤謬、意思力、選択過剰負荷、情報過剰負荷、平均への回帰、メンタル・アカウンティング、利用可能性ヒューリスティック、代表性ヒューリスティック、アンカリング効果、極端回避性、同調効果、プロジェクション・バイアスがある。以下、それぞれごく簡単に紹介しよう。

サンクコストの誤謬

私たちが合理的意思決定からずれてしまう例で最もよく知られているのは、サンクコストに対する対応である。既に支払ってしまって回収できない費用のことを、経済学ではサンクコスト（埋没費用）と呼ぶ。つぎのような状況を考えてほしい。

あなたは、7万円の北海道旅行のツアーを見つけたので購入した。また別の日に、5万円の沖縄旅行のツアーを見つけて、喜んでこのツアーも購入した。ところが、よく見ると北海道旅行も沖縄旅行も同じ日であることに気がついた。今からだとキャンセルしても、払い戻しはできないし、二つのツアーは格安ツアーだったので売り切れている。あなたは、北海道よりも沖縄の方が好きだ。さて、あなたはどちらのツアーに出かけるだろうか？

沖縄旅行にもともと行きたいと思っていたにもかかわらず、北海道旅行に支払った7万円がもったいないと思って、北海道旅行を選ぶ人がいるのではないだろうか。しかし、北海道旅行に支払った7万円も沖縄旅行に支払った5万円も、これからどちらに旅行するかという選択に関わりなく戻ってこない。つまり、サンクコストである。それなら、支払ってしまったお金のことは忘れて、自分にとって満足度が高い方の旅行を選んだ方がいい。このように取り戻せないサンクコストを回収しようとする意思決定は、**サンクコストの誤謬**と呼ばれている。

スーパーマーケットでは、閉店時間に近くなると生鮮食料品や惣菜が大幅に値引きされている。こうした値引きで、販売価格が仕入れ価格よりも安くなることがある。一見、スーパーマーケットは損をしているように見えるが、生鮮食料品なので仕入れ価格はサンクコストであるため、仕入れ価格を無視して、高い価格のまま売れ残って廃棄処分することと安くして売れることのどちらが利益が大きいか、という意思決定をしているのである。

意思力

精神的あるいは肉体的に疲労している時には、私たちの意思決定能力そのものが低下するということが知られている。例えば、途上国の農家では、収穫後に作物を売って所得を得られた時期の知的能力の方が、収穫前の所得が一番少ない時期の知的能力よりも高いという研究がある。これは、金銭的に恵まれていない状況にあると、その日のやりくりに多くの意思力を使ってしまうために、それ以外の知的な意思決定能力が下がってしまうためだと考えられている。特定の時間には限られた意思決定能力しかもっていないため、定期的に低下した意思決定能力を回復させるようにする必要がある。

このような状況が重要になるのは、精神的・肉体的に疲労していることが多い人である。金銭的に苦境にある人は、その日の生活をどうするかということに意思力を使ってしまっているだろう。仕事があまりに多忙な人も、仕事に意思力を使ってしまっているかもしれない。医療現場において患者の多くは、精神的・肉体的に疲労しているので、意思決定の際には、意思決定能力の低下を考慮する必要がある。

選択過剰負荷と情報過剰負荷

意思決定における選択肢が多い場合、どれを選ぶかが困難になり、結局、意思決定そのものをしなくなるということがある。つまり、多すぎる選択肢があると、選択することが難しくなるため、選択肢を減らした方が、選択行動そのものを促進する傾向がある。これを**選択過剰負荷**と呼ぶ。似た概念として、情報が多すぎると、情報を正しく評価してよい意思決定ができなくなる**情報過剰負荷**がある。あまりに情報が多いため、よい意思決定ができなくなる場合には、重要な情報をわかりやすく提示することを心がける必要がある。

平均への回帰

ランダムな要因で数字が変動している場合、極端に平均から乖離した数字が出た後に現れる数字の平均値はその前の試行と変わらない。ただし、数字自体は極端な数字よりも平均値に近くなる確率は常に高い。これが**平均への回帰**と呼ばれる統計的な性質である。

しかし、平均値よりも高い数字が出ると次は低くなるという因果関係があるように誤解してしまいがちだ。例えば、健康状況がランダムに変動しているとすれば、極端に悪化した後は平均的な状況に戻る可能性がもともと高い。悪化した時に民間療法によって治療した場合、その治療には効果がなかったとしても、健康状態が回復する可能性が高くなるので、民間療法が効果的だったと信じやすい。

仕事で部下が失敗した時に叱責する方が、うまくいった時に褒めるよりも、部下が成長すると感じるのも平均への回帰を因果関係として認識してしまう例である。子育てをする際に、うまくいった時に褒めるよりも、失敗した時に叱って、その効果があると思われたり、学校のクラブ活動で体罰が有効だと思われたりするのも同じである。失敗した時に叱ると次回に成果がでるというのは、因果関係ではなく、平均への回帰が観察されているだけという場合が多い。

メンタル・アカウンティング

あなたは、映画を見ようと思って映画館で、あらかじめ買っていた1500円の映画のチケットを出そうと思ったら、そのチケットを失くしていたことに気がついたとする。その時、もう一度映画のチケットを買うだろうか。では、映画を見ようとして映画館に来たとき、財布の中にあったはずの1500円を落としてしまったことに気がついたとする。この時、映画のチケットを買うだろうか。前者では、チケットを買わないが、後者では買うという人もいるだろう。どちらも同じ1500円を失くしたのに、前者は映画代として支払ったものだが、後者は映画代とは決まっていなかったことが原因だろう。同じ1500円でも心理的な勘定としては異なるのである。

私たちは、働いて得たお金も宝くじに当たって得たお金も、お金としては同じであるにもかかわらず、手に入れた方法によってお金の使い方を変える傾向がある。また、食費や娯楽費などの目的で分けてお金を管理していた場合、予定外の事態が生じて全体の使い道を変更した方がいい場合でも、最初に決めた会計の範囲で意思決定を行う傾向がある。同様に、1日単位で収支の計画を立てている場合、それ以上の期間で計画を考えた方が合理的であっても、1日内での収支計画だけを目標にしてしまう。こうした特徴を**メンタル・アカウンティング**と呼ぶ。

利用可能性ヒューリスティックと代表性ヒューリスティック

正確な情報を手に入れないか、そうした情報を利用しないで、身近な情報や即座に思い浮かぶような知識をもとに私たちは意思決定をすることがある。これを、**利用可能性ヒューリスティック**という。例えば、医者が提示する医学情報ではなく、知り合いの人が使った薬や治療法を信じるような場合である。

一方、意思決定をする際に、統計的推論を用いた合理的意思決定をするのではなく、似たような属性だけをもとに判断することもある。これを、**代表性ヒューリスティック**という。例えば、「学生時代に学生運動をしていた女性が現在就いている職業は「銀行員」か「フェミニストの銀行員」のどちらの可能性が高いか？」という質問に「フェミニストの銀行員」と答えるような場合である。当然「フェミニストの銀行員」は「銀行員」に含まれる。「銀行員」である確率の方が「フェミニスト」という限定をつけた銀行員である確率よりも高いのは明白である。しかし、学生運動という言葉からフェミニストを連想してしまい、それが含まれた選択肢を選んでしまうのである。

アンカリング効果

全く無意味な数字であっても、最初に与えられた数字を参照点として無意識に用いてしまい、その数字に意思決定が左右されてしまうことがある。これを**アンカリング効果**（係留効果）という。9×8×7×6×5×4×3×2×1と、1×2×3×4×5×6×7×8×9では、前者の数字の方が大きいと判断しがちである。これは、最初の数字に、私たちの意思決定が左右されてしまうからである。高級ブランド品店の店頭に、最高級品が展示してあり高い価格が提示してあると、消費者はその価格にアンカリングされるため、店内の他の商品の価格が安く感じられる。

極端回避性

同種の商品の価格や品質が、上・中・下の3種類あった場合に、多くの人は両端のものを選ばず、真ん中のものを選ぶ傾向がある。これが、**極端回避性**と呼ばれる私たちの特性である。絶対的な水準で評価することが難しい場合に、参照点を基準にするのと同様、両端のものを避けることで適切なものだと判断する。

社会規範と同調効果

私たちは、同僚や隣人の行動を見て、自分の意思決定をする傾向がある。これは、多数派の行動に合わせておくと安心だということもあれば、無意識に多くの人と同じ行動をとる結果とも解釈できる。一方で、参照点を同僚や隣人の行動に設定しているとも解釈できる。参照点が同僚の仕事量であれば、同僚の仕事量よりも自分の仕事量が少ないと損失を感じるため、最低でも同僚の仕事量に追いつこうとするのだ。多数派の行動に同調しようとするのも、それが社会規範になっており、社会規範を参照点とするという行動だとも考えられる。

プロジェクション・バイアス

いま現在の状況を将来に過度に投影してしまい、未来を正しく予測できないというバイアスのことを、**プロジェクション・バイアス**（投影バイアス）という。お腹いっぱいの時にスーパーへ晩御飯の食材を買いに行くと、少なめに買い、お腹が空いている時に買い物に行くと多く買いすぎる。買い物をしている時にお腹が空いているかどうかは、晩御飯の時にお腹が空いているかどうかとは無関係であるのに、現在の状況を将来の状況にそのまま当てはめてしまうのである。

第2章　ナッジとは何か

1　ナッジを作る

軽く肘でつつく

私たちの意思決定には、様々なバイアスが存在することを紹介してきた。このような意思決定の歪みを、行動経済学的特性を用いることで、よりよいものに変えていこうという考え方がナッジと呼ばれるものである。

「ナッジ」は「軽く肘でつつく」という意味の英語である。ノーベル経済学賞受賞者のリチャード・セイラーは、ナッジを「選択を禁じることも、経済的なインセンティブを大きく変えることもなく、人々の行動を予測可能な形で変える選択アーキテクチャーのあらゆる要素を意味する」と定義している。

一般的に、人々の行動を変えようとするとき、法的な規制で罰則を設けて、特定の行動を禁止して選択の自由そのものを奪うか、税や補助金を創設して、金銭的なインセンティブを使うことが多い。もう一つの手段は、教育によって人々の価値観そのものを変更することである。しかし、教育を通じた価値観の形成は、短期的な効果を大きく期待できるものではないし、義務教育年齢の子どもに対しては有効な手段であるかもしれないが、それ以外の年齢層には必ずしも有効な手法ではない。

行動経済学的手段を用いて、選択の自由を確保しながら、金銭的なインセンティブを用いないで、行動変容を引き起こすことがナッジである。大きなコストをかけないとそのような政策的誘導から簡単には逃れることができないのであれば、その誘導はナッジとは呼べない。ナッジは命令ではないのである。例えば、カフェテリアで果物を目の高さに置いて、果物の摂取を促進することはナッジである。しかし、健康促進のためにジャンクフードをカフェテリアに置くことを禁止するのはナッジではない。

ナッジは、行動経済学的知見を使うことで人々の行動をよりよいものにするように誘導するものである。一方、行動経済学的知見を用いて、人々の行動を自分の私利私欲のために促したり、よりよい行動をさせないようにしたりすることは、ナッジではなく、**スラッジ**と呼ばれている。スラッジとはもともと、ヘドロや汚泥を意味する英語である。

例えば、ネットで買い物をした際に、宣伝メールの送付があらかじめ選択されていて、その解除が難しい場合は、ナッジではなくスラッジである。商品を購入した際に割引がもらえるというキャンペーンで、領収書や商品番号を書類に記入して郵送する必要があるようなものもスラッジである。社会保障の受給手続きが必要以上に面倒になっているのもスラッジである。

行動の特性を考える

うまくナッジを設計することができれば、私たち自身の意思決定はよりよいものになる。現在バイアスが理由で仕事を先延ばしする傾向がある人なら、先延ばしすること自体を面倒にするナッジを作ればよい。定時の仕事をのんびりしてしまい、深夜残業しがちな人であれば、深夜残業を原則禁止し、早朝勤務を選べるようにするのは一案だ。残業をするという選択の自由を確保しながら、早朝に残業するという面倒を増やすことで、先延ばし行動を抑制できる。

どうすれば、よいナッジを設計することができるだろうか。OECD(経済協力開発機構)や行動洞察チームが、ナッジの設計のプロセスフローを提案している。どれも基本的に同じような構造でなりたっている。OECDのBASICという提案(図2-1)は、人々の行動(Behaviour)を見て、行動経済学的に分析(Analysis)し、ナッジの戦略(Strategy)を立て、実際にナッジによる介入(Intervention)をしてみて効果があれば、政策や制度を変化(Change)させるというものである。

ideas 42という組織が提案している5段階のプロセスは、問題を定義し、処方箋を考え、ナッジを設計し、その効果をテストした上で、大規模に実施するというものだ。行動洞察チームは、ナッジをテストし、その効果を検証した上で、政策に適用するという3段階のものを提案している。基本的には、課題となっている問題の背景を行動経済学的に考えて、ナッジを考案し、テストするというプロセスである。

もう少し具体的にそのプロセスを考えてみよう。最初にすべきことは、意思決定のプロセスを図式化することである。意思決定のプロセスを理解し、それにかかわる行動経済学的なバイアスとその影響を推測する。そして、それに対応したナッジの候補を選び、技術的な制約の中で実施可能なものを決める。その際に、意思決定の上位にかかわるナッジを優先し、効果を検証する。

まず、意思決定のプロセスを考える。第一に検討するべきことは、対象とする意思決定の特徴である。その意思決定は、

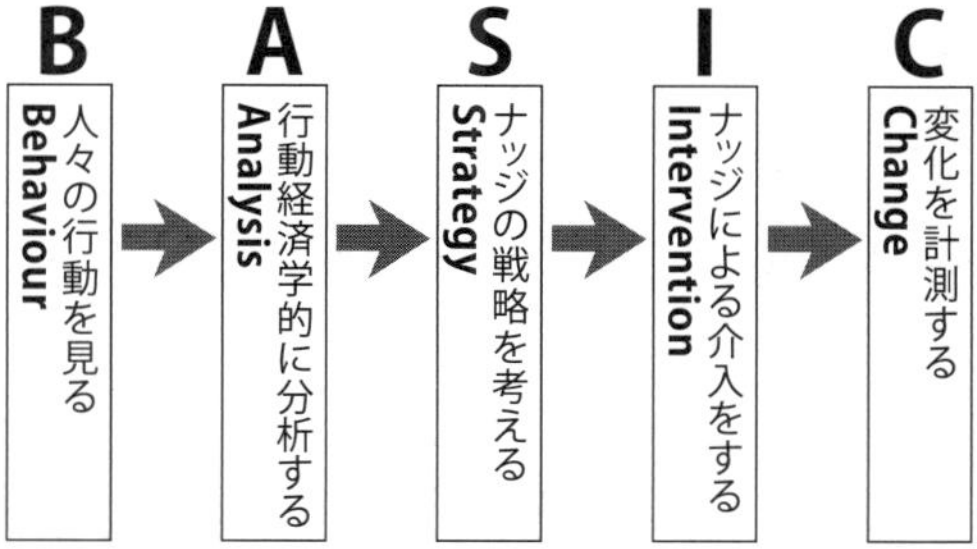

図2-1　ナッジ設計のプロセスフロー：OECDのBASIC

意思決定をしている人にとって重要なことと意識されているものなのか、それとも本人がほとんど無意識に行っているものなのかを検討すべきだ。ある行動が本人にとって望ましくないものので、本人も改善したいと思っているとしよう。このとき、本人にとってそれが重要な意思決定で、よく考えられた上で行われる場合を考える。

本人の行動が望ましいものでないとすれば、その意思決定の重要性を本人が理解しているのに、なんらかのバイアスによって望ましくない意思決定をしているかもしれない。あるいは、正しい意思決定をしていて、本人はその意思決定と整合的な行動をしたいと思っているのに、実際の行動が意図したものと異なっているということになる。一方、望ましくない行動が、あまり考えずに意思決定がされていることによって引き起こされているのであれば、本人に問題の重要性を気づかせることが第一歩になる。あるいは、無意識に訴えかけるようなナッジが有効かもしれない。

つぎに、その意思決定が行われるのはどのようなタイミングであるかを考える。そして、意思決定そのものを、本人が能動的に行っているのか、受動的で自動的に行っているのかということも考える必要がある。

意思決定をする際には、何種類の選択肢があるのだろうか。明示的な意思表示をしないでも選択したことになるデフォルトの選択肢は存在しているのだろうか。本人が選択したことに対し結果をフィードバックすることは可能だろうか。その行動をするインセンティブは金銭的なものだろうか、それとも非金銭的なものだろうか。望ましい行動ができないのは、金銭的コストがかかっているからだろうか。それとも心理的コストがかかっているからなのだろうか。

そのつぎに検討すべきことは、意思決定をする人がどのような情報を手にしているかを考えることだ。どのような知識や助言があれば、意思決定ができるのだろうか。本人には、どのような情報や知識が与えられているのだろうか。それは、文書情報なのか、視覚情報なのか、それとも口頭で与えられた情報なのか。どのような順番で情報が与えられているのだろうか。

さらに、意思決定をする人の心理的状況はどうだろうか。よい意思決定をした場合、その利得はすぐにやってくるのか、それとも遅れてやってくるのか。もし遅れてやってくる場合には、現在バイアスで先送りしてしまう可能性が高くなり、よい行動や習慣を学習して自然に身に付けるチャンスが少なくなる。

意思決定は、本人が感情的になっているときになされることが多いのだろうか。例えば、医療における意思決定の多くは本人が感情的になっているときに行われることが多い。子どもが生まれた際や親が死亡した際に行う意思決定は、それぞれ異なる感情のもとで行われる。

意思決定の中には、それほどエネルギーを使わなくてもよいものもあれば、強い意思力や自制心を必要とするものもある。仮に、意思力が強くないとよい意思決定ができないにもかかわらず、意思力や自制心が弱っている際に意思決定をしてしまうということがあれば、よい意思決定ができないだろう。

意思決定が行われる環境についても考える必要がある。その意思決定は、本人一人で行われるタイプのものか、それとも他の人が見ているような状況で行われるものなのだろうか。メディアでの報道や専門家の意見によって意思決定が影響される可能性があるのだろうか。それとも、意思決定は周囲の人の行動に影響されるタイプなのか。意思決定が本人の自発的な申し込みを必要とするようなものだった場合に、本人に申し込みさせること自体に困難がないだろうか。このように意思決定の特徴を整理していくのである。

行動変容を本人が望んでいるか

ナッジの設計において一番重要なのは、本人自身が自分の行動変容を強く願っているのか、それとも、本人があまり気にしていなかったことを気づかせて行動変容を起こさせるのか、どちらのパターンなのかを見極めることである(表2-1)。

もし、前者であれば、現在バイアスや自制心の不足が原因となる場合が多い。つまり、もともと理想の行動と現実の行動の間にギャップがあるところに原因がある場合である。この場合には、行動変容を起こしたい相手に対し、コミットメント手段を提供したり、自制心を高めたりするようなナッジが有効になる。

表 2-1　目的別のナッジの種類

自制心		望ましい行動	
内的活性化	外的活性化	外的活性化	
飲酒運転を避けるために送迎サービスを事前に予約	自動車の省エネ運転を促進するために燃費計をダッシュボードに設置	税制を簡素化し、納税促進 ゴミの投棄をしないように標識を設置	**意識的**
お金を別勘定に入れて無駄遣いを防止	不健康な食品を手の届きにくいところに陳列	多くの人がリサイクル活動をしていると広報 スピード抑制のために錯視を利用した段差を表示	**無意識的**

もともと理想的な行動をとりたいと本人が望んでいたなら、コミットメント手段を提供するだけで、彼らはその手段を選ぶようになるはずだ。貯蓄を増やしたいということであれば、給与からの天引き貯金制度やクレジットカードの上限額設定の選択肢を提供することがこのタイプのナッジである。体重を減らすために、毎日運動することをコミットし、運動しない日があれば1日あたりいくらかのお金を支払うというコミットメントは、運動によって体重を減ら

したいという人には、とても有効なナッジである。しかし、このコミットメント手段は、本人が特に望んでいない行動を健康のために促進するという場合には、使うことはできない。

また、行動変容を意識的に行わせるのか、無意識的に行わせるのかによってもナッジの作成方針は変わってくる。本人自身が行動変容を起こしたいと思っていても、コミットメント手段を新たに取ること自体も現状維持バイアスのために難しいというのであれば、**デフォルト設定**を変更することが有効になる。本人が明示的な意思表示をしない場合は、コミットメント手段を利用することに同意したとみなして、それを利用したくなければ簡単に利用を中断することができるようにすればいい。

代表的な例に、臓器提供の意思表示がある。日本人の41.9％の人たちは、「脳死と判定されれば、(どちらかと言うと)臓器を提供したい」と考えている(2017年「臓器移植に関する世論調査」内閣府)。それにもかかわらず、実際に提供意思を記入している人の割合は、「提供しない」がデフォルトで、提供したい場合に意思表示をする必要がある日本のような国々では10％前後と低くなっている(図2-2)。逆に「提供する」がデフォルトになっているフランスのような国々では100％に迫る水準である。

一方、理想的あるいは規範的な行動を活性化したいという場合には、人々がもともと気にしていない行動について変容させる必要がある。もともと人々はそのような行動を意識していないため、自分から望んで、その行動を変えるためのナッジを設定することはない。この場合、政府などの外的な主体がナッジを設定する必要があり、それが有効だと考えられている。

　一方で、人々の意識を喚起するような手法として、損失回避を使ったり、社会規範に訴えたりといったナッジによる情報提供がある。また、人々に無意識のまま行動を変容させる手法もある。ゴミの不法投棄を減らしたい場合、「ゴミの不法投棄をやめましょう！」という標識を設置することは、外的強制を使った意識的なナッジである。道路にゴミ箱まで足跡の絵を描くことでゴミ箱への移動を誘発したり、不法投棄が多い場所にお地蔵さんや鳥居を設置することで神聖な場所にゴミを捨てないようにさせたりするのは無意識的なナッジである。

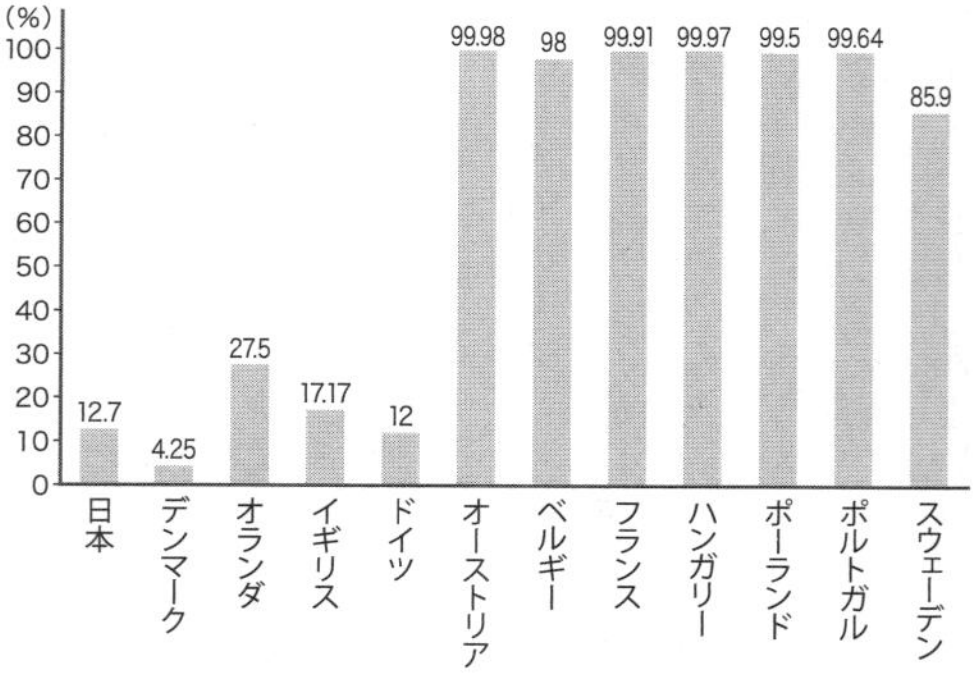

図2-2　臓器提供の実効的同意率（Johnson & Goldstein（2003）*Science* と「臓器移植に関する世論調査」内閣府（2017年）をもとに著者が作成）

「ゴミの不法投棄をやめましょう!」や「喫煙場所以外での喫煙は条例違反です」というような意識的なナッジは、既にそれを知った上で違法行為をしている人にはあまり効果がないかも知れない。また、そのような標識そのものに注意を向けない可能性もある。その場合には、ゴミ箱までの足跡や喫煙場所までの矢印を地面に描いておく方が、人は無意識にそれに従う傾向がある。

ナッジの選び方

ナッジを選ぶためには、上述のように意思決定の状況を分析して、どのような行動経済学的なボトルネックがあるのかを分析する必要がある(表2-2)。

具体的には、つぎのような観点をチェックすべきである。第一に、本人は、自分がしなければならないことを知っていて、それが達成できないのか、それとも望ましい行動そのものを活性化すべきなのかという点である。もし、自分が本来すべき行動を知っていて達成できていないのであれば、自制心を高めるようなナッジが必要である。コミットメントメカニズムや具体的計画を立てやすくする仕組みの提供である。

一方、望ましい行動そのものを知らないのであれば、その行動をしないと損失を被ることを強調したメッセージで重要性を認識してもらう。あるいは、理想的な行動を理解していない場合は、デフォルト設定や社会規範メッセージを利用することが考えられる。

第二に、自分自身でナッジを課するだけ十分に動機付けられているかという点である。本人

表 2-2　意思決定のボトルネックと対策

対　策	ボトルネック
自制心を活性化するようなコミットメントメカニズムの提供、社会規範ナッジ	本人が自分がしなければならないことを知っているのに達成できないのか？
情報提供、デフォルト設定、社会規範メッセージ	望ましい行動を知らないのでできないのか？
コミットメントメカニズムの提供、デフォルトコミットメント	自分自身でナッジを課するだけの意欲があるのか？
損失回避・社会規範の利用	情報を正しく提供すればよいのか？
シンプルに、何をすればよいのかがわかるように、必要な情報だけに	情報の負荷が多すぎるのか？
競合的な行動を抑制するようなナッジ(社会規範、ルール化)	引き起こしたい行動と競合的な行動が存在するのか？

の意欲が高ければ、コミットメントメカニズムを提供することが重要である。しかし、そうでないならば、政府や組織が設定する外的なナッジが必要である。

第三に、人は情報を正しく認知することができれば望ましい行動をとれるのか、それとも認知的な負荷が過剰でできないのかという点である。いずれにしても情報の認知に問題がある場合は、情報を理解しやすいように、損失回避や社会規範を用いたり、必要な情報をシンプルにタイミングよく提供するナッジが有効である。

第四に、引き起こしたい行動と競合的な行動が存在するために目的の行動ができないのか、単に惰性のためにできないのか、競合する行動を抑制すべきか、目標行動を促進すべきなのかといった点である。もし、達成したい行動を阻害するような誘惑がボトルネックとなっているならば、その行動を抑制するようなナッジを設計する必要がある。不健康な食品を手に届きにくいところに陳列するのは、その例である。

こうしたボトルネックの特徴を明らかにできれば、それを引き起こしている行動経済学的特性に応じて適切なナッジを選択すればいい。しかし、問題の状況によっては、利用可能なナッジに制約がある場合も多い。デフォルトの導入やデフォルトの変更が有効だと考えられる場合であっても、それがそもそも可能な選択肢かどうか、という問題もある。

また、もともと複雑な意思決定を必要とするために、そのような行動がとられていないのであれば、意思決定に関わるプロセスを単純にすることができるのかどうか、ということも検討すべきである。さらには、ＩＴ技術などの利用によって、個人が意思決定する面倒を減らすことが可能であれば、その利用可能性を検討する必要がある。

どのようなナッジを優先すべきかについては、意思決定の上位にあるボトルネックを解決するようなナッジを選択することが最も重要である。自制心を高めるためのナッジは、もともとそのような行動をとりたいと思っている人だけにしか効果がないので、デフォルト設定型のナッジに比べると効果が得られる人は限られる。逆に、デフォルトを利用したナッジは、多くの人に効果があるが、誰に対しても同程度の効果しかない。そして、ナッジが長期的にも効果があるか、よりよい習慣を形成することができるかという観点も優先順位を考える上では重要である。

2　ナッジのチェックリスト

Ｎｕｄｇｅｓ

ナッジを設計した場合、それが適切なものであるかをチェックするためのチェックリストが、複数提案されている。「ナッジ」という名称を提案したセイラーとサンスティーンは、ＮｕｄｇｅｓというチェックリストをＮ提案している。リストは、次の6項目からなる。

①インセンティブ(iNcentive)
②マッピングを理解する(Understand mapping)
③デフォルト(Defaults)
④フィードバックを与える(Give feedback)
⑤エラーを予期する(Expect error)
⑥複雑な選択を体系化する(Structure complex choices)

ナッジを設計するためには、第一に、対象者がどのようなインセンティブをもっているかを考える。特定の行動をとりたいと本人が思っているのにできないのか、もともと思っていないのか、を識別することが重要である。その次に、意思決定プロセスをマッピング（図式化）し、意思決定のどこにボトルネックがあって、望ましい行動がとれないかを明らかにする。望ましい選択をデフォルトの選択として設計できるのであれば、利用することを考える。本人がとった行動の結果をフィードバックできれば、行動の結果を報酬として認知でき、学習や習慣形成につながる。人々の選択ミスを予測する。選択が複雑であることが原因で、選択をしなかったり、間違った選択をしたりする場合には、選択を体系化することで、複雑な思考をしなくても望ましい選択ができるように設計する。

EAST

イギリスのナッジ設計部門であるBehavioural Insights Team（ＢＩＴ）は、いくつかのチェックリストを提案している。例えば、ＥＡＳＴというチェックリストは、項目が少ないので、ナッジを設計する人は常に心掛けておくことが望ましい（表2-3）。ＥＡＳＴは、Easy, Attractive, Social, Timelyの頭文字をつなげた名称である。

ＥＡＳＴのＥはEasy、すなわち簡単であるということだ。人々が望ましい選択や行動をしないのは、その選択が複雑であったり面倒であったりすることが原因であることが多い。ナッ

表2-3　ナッジのチェックリスト：EAST

E	Easy	簡単なものになっているか？ 情報量は多すぎないか？ 手間がかからないか？
A	Attractive	魅力的なものになっているか？ 人の注目を集めるか？ 面白いか？
S	Social	社会規範を利用しているか？ 多数派の行動を強調しているか？ 互恵性に訴えかけているか？
T	Timely	意思決定をするベストのタイミングか？ フィードバックは早いのか？

ジを用いるのであれば、容易なものになっているかをチェックすることが何より重要だ。政府や自治体がナッジを用いようとして、メッセージを作成する場合、間違いがないように詳細な情報を入れようとしたり、複数のメッセージを入れようとしたりすることが多い。

しかし、メッセージの受け手にとってみると、情報が多いとそれだけで複雑になり、せっかくのナッジが機能しない。複雑さが政府のサービスの利用を減らしている原因になっていないかを第一にチェックすべきである。政府の担当者は、当然その業務を熟知しているため、非常に複雑な文章や表現であっても、内容を一瞬で理解できてしまう。一方、初めてその情報や制度に直面する人にとっては、不要な情報まで提示されることは煩わしいだけである。コンビニや駅のプラットホームで、列に並ぶ場所を矢印や足跡で表現しているのが有効なのは簡単だからだ。もし、矢印や足跡でなく、「この場所に並んでください」という掲示をしたとしても誰もその掲示を読まないだろう。

次に、ＥＡＳＴのＡはAttractive、すなわち魅力的ということだ。人々に注意を促すポスターが文章だけで書かれていたら誰も読んでくれない。宣伝のためのポスターが、人々の注意を引きつけるような工夫をされているのは、作成者が人々の特性をよく知っているからだ。しかし、公的機関が作る説明文書は、どんなものを作っても、サービスを必要とする人々はそれを読まざるを得ないから読んでもらえるという前提で作られていることが多い。罰則や金銭的インセンティブを使わないで人々の行動変容を促すためには、ナッジそのものが魅力的なものである必要がある。

ＥＡＳＴのＳはSocial、すなわち社会的という意味である。これは、私たちの社会的選好をうまく利用しているか、というものだ。私たちが、人との比較を気にしたり、人からの恩に報いたり、多数派の行動に従ったり、社会規範に従うといった特性をナッジに使うということである。

例えば、節電を促すナッジとして有効だったのは、周りの人の電力使用量と本人の電力使用量をグラフにして通知することだったのは、人々の社会規範に従うという特性を利用したからだ。脳死の場合の臓器提供に同意の登録を促進するナッジとして、「自分が臓器を必要になったときにもらいたいなら、あなたも貢献しませんか」という互恵性に訴えかけるメッセージや、「多くの人が同意しています」というメッセージが効果的だったのもそうである。

Tは Timely、すなわちナッジのタイミングの重要さである。例えば、脳死の場合の臓器提供へのサインを呼びかけるには、死亡事故の現場映像を見る機会と新しい運転免許証を受け取る機会が同時にある運転免許証の更新時にすることが人々の行動を引き出しやすい。マーケティングでは、赤ワインと肉、スマートフォンと充電ケーブルのように補完的な消費財を統計的に調べて、ある商品を購入した人に、多くの人が同時に購入している商品を提案すれば、その商品の購入可能性が高まる。これは、最初の商品の購入のタイミングに合わせて、補完的な商品の提案を行っているからである。

望ましくない行動を抑制したいのであれば、望ましくない行動をしそうなタイミングでそれを抑制するようなメッセージを出す必要がある。長期的によりよい行動をとらせたいのであれば、長期的なことを考えることが多いタイミングに合わせてメッセージを出す必要がある。

現在バイアスのためにやるべきことを先延ばししたり、よくないことを続けたりすることを抑制したい場合にはどうすればよいだろうか。食べ過ぎるというようなよくない行動の結果が遅れを伴って現れることが、このような先延ばし行動の原因である。それなら、抑制すべき行動をしたタイミングでその結果がわかるようなフィードバックができることが望ましい。

MINDSPACE

BITは、MINDSPACEという9項目のナッジのチェックリストも提案している。Mは Messenger であり、私たちは誰が情報を伝えているかということに大きく影響されるという指摘である。利用可能性ヒューリスティックは、すぐに手に入る情報に影響されるというものであるし、人々がテレビ、新聞、SNSの情報に影響されやすいのもそうだ。こうしたことを考慮してナッジを作っていく必要がある。

Iは Incentives である。私たちのインセンティブに対する反応は、行動経済学的に予測可能であることが多い。例えば、私たちが損失回避という傾向をもっていて、利得よりも損失に大きく反応するということだ。Nは Norms、すなわち社会規範である。私たちは、他の人がどのような行動をとるかということに大きな影響を受ける。Dは Defaults、つまり初期設定(デフォルト)である。私たちは、初期設定にそのまま従う傾向をもっている。積極的な意思表示をしない場合に、どのような意思決定がなされたとみなされるかという、デフォルトによる意思決定は非常に多くなされている。

例えば、生活保護などの社会保障給付は、それを受ける資格があるだけでは、給付を受けるとはみなされないで、社会保障の給付申請手続きをして初めて、受給の意思があるとみなされる。ある制度に参加する意思を表明してはじめて参加できるタイプのものは、オプト・インと呼ばれている。逆に、参加することがデフォルトで、そこから脱退することがオプションになっているものはオプト・アウトと呼ばれている。ナッジの設計の際には、うまくデフォルトを設計することができるかどうかを検討することが重要だ。

その次のSは、Salienceである。つまり、目立つことだ。私たちの注意は、目新しいものや自分と関係ありそうなものに集中するので、注意を引き付けるような工夫が求められる。Pは Priming（プライミング）と呼ばれる心理学の用語である。これは、無意識の手がかりに私たちの行動が影響されることを指す。先行情報として与えられていたことに無意識に影響されて、その次の行動が引き起こされやすくなったり、抑制されたりする。

例えば、赤という色を示した後で、果物の名前を思いついてもらうと、イチゴやリンゴを想起しやすいというのもプライミングである。無意味な数字であってもそれが与えられると、その後の意思決定に影響を与えるという意味では、アンカリングもこれにあたるかもしれない。

Aは Affect（情動）である。私たちの意思決定は、感情に左右されている。恐怖を感じるとリスク回避的になり、怒りを感じるとリスクを感じなくなるという研究結果がある。天候と株価に相関があるという研究もある。そして、CはCommitments（確約）である。私たちは、公の場で確約したことや自分自身で具体的に決めたことと整合的な行動をとったり、恩を受けるとそれに報いるように互恵的な行動をとったりする傾向がある。この傾向を利用すれば、現在バイアスによる先延ばし行動によって計画が未達成になることを防ぐことができる。最後のEはEgo（自我）、つまり、自分自身の満足度が高まるように行動するという傾向だ。優れたナッジはこのような私たちの特性とマッチしている。

3　ナッジの実際例

老後貯蓄の意思決定

意思決定の具体例として、老後貯蓄をどの程度するかというものを考えてみよう（図2-3）。老後の生活費を賄うためには、若い頃から老後のための貯蓄をすることの重要性を認識する必要がある。老後貯蓄の重要性の認識ができていないのであれば、引退という遠い将来のことを

必要な意思決定	ボトルネック	ナッジ
老後貯蓄の重要性の認識	引退が遠い将来	損失回避（生活水準の下落を強調）
老後貯蓄にいくら配分？	貯蓄額決定のための複雑な計算	貯蓄額のガイドライン 計算アプリ
口座開設	口座開設の手間	手続きの単純化 就職時に義務付け・自動開設
金融商品の決定	金融商品が複雑	投資ファンドのデフォルト
金融商品の購入	購入の先延ばし	自動引き落とし
運用状況のチェック	チェックが面倒	自動的な通知システム 自動的再配分

図2-3　老後貯蓄の意思決定・ボトルネック・ナッジ

大きく割り引いて考えていることが理由だろう。重要性についての情報提供が必要だ。その場合に、老後貯蓄の重要性を知らせるには、今の貯蓄なら老後に生活水準をどれくらい落とすことになるのかを示すという損失回避を利用するのも有効だ。老後貯蓄の重要性を理解しているが、貯蓄行動に結びついていないというのであれば、その次の段階に問題がある。

老後貯蓄の重要性を認識

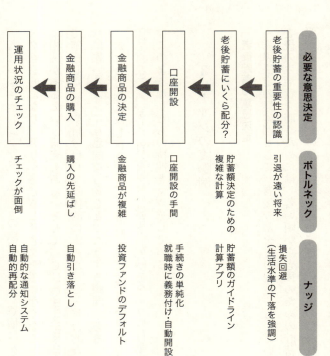

するというステップの次にくる意思決定は、老後のために資金を配分するという意思決定である。つまり、いま持っている資金のうち、いくら将来のために貯金するかという意思決定だ。老後のための必要貯蓄額を算出するためには、複雑な計算をする必要があるということであれば、そこにボトルネックが生じる可能性がある。その場合に有効なナッジは、老後貯蓄の金額のガイドラインを示したり、簡単に計算できるアプリを提供することである。

仮に、x万円貯金することを決めたとしよう。しかし、それだけでは貯金できない。金融機関で老後貯蓄のための口座を開設する必要がある。ネットで簡単になってきたとはいえ、時間がかかるうえ、書類を記入するという面倒がある。もし、口座の開設に問題があるなら、口座開設をわかりやすく、簡単にするような工夫が効果的だ。あるいは、就職時に老後貯蓄のための口座開設を義務付けるか自動的に開設される仕組みにすればよい。ナッジはタイミングが重要である。

口座が無事開設できると、次にどの金融商品を購入するかを決める。株式中心の投資信託にするのか、債券中心のものにするのか、国内運用中心なのか、海外運用中心なのか、を決める必要がある。老後貯蓄の投資ファンドのデフォルトがあれば選択しやすい。

さて、無事に投資ファンドを決めたとしよう。しかし、実際に予定額をいま投資するのをやめて、1か月後にしようという先延ばしをしたいと思ってしまうかもしれない。これを防ぐには、自動的に給料から天引きして投資する仕組みを導入する必要がある。

では、無事に投資ファンドにお金を振り込んで運用を開始したとする。予定通りに老後資金を貯めていくにはまだすることがある。投資収益が予定の範囲に収まっているかをチェックする必要があるのだ。もし、特定の投資先の収益が大幅に下がっていたり、特定の株価がピークになっていそうだったりすれば、投資資金を再配分する必要もある。投資収益のチェックや資金の再配分を怠っているのであれば、思うように貯蓄が増えていかない。老後貯蓄が増えない原因が、このような運用の在り方に問題がある場合には、その部分に対応したナッジを考える必要がある。運用状況を定期的にわかりやすく通知するシステムを入れておいたり、自動的に資金再配分をしたりするようなサービスの導入である。

自然災害時の予防的避難

台風や豪雨のようにある程度事前に災害発生が予想されるような場合、避難指示や避難勧告が出される。しかし、実際に避難行動を取る人の比率が非常に少ないことが問題になっている。避難指示が発令された際に、避難行動を取るかどうかの意思決定プロセスを考えてみよう。まず、避難の必要性を認識する。そのつぎに、いつ避難するかを考える。そして、どこにどのようにして避難するかを考える。

今までの防災教育は、避難場所を知ってもらうことに重点が置かれてきた。例えば、広島県では、2014年に土砂災害で77人の命が失われた後、「みんなで減災」県民総ぐるみ運動を行った。身近な災害の危険や避難所の場所を「知る」、気象情報や避難勧告で災害発生の危険性を「察知する」、避難所や安全な場所に避難するといった「行動する」、さらには「備える」「学ぶ」という五つの行動目標を定めた。

なかでも、住民が災害と避難行動の実態を「知る」ことに重点をおいてきた。その結果、「みんなで減災」県民総ぐるみ運動により避難所や避難経路を確認した住民の割合は、2014年の13.2%から2018年には57.2%へと大きく向上した。しかし、2018年7月の豪雨災害で避難した人の割合は0.74%に過ぎなかった。その結果、114名もの死者・行方不明者が出てしまった。防災意識の向上は避難行動には繋がらなかったのだ。先程の、避難の意思決定プロセスから言えば、避難する場所についての知識はあったが、避難の重要性の認識と避難のタイミングの意思決定に問題があった可能性がある。

3つのタイプの人が考えられる。第一に、避難という行動が自宅に残るよりも心身に負担がかかると考えるタイプである。「自宅に残留するコスト」よりも「避難するコスト」が高いと判断している。避難所に行く途中に危険な目に遭う可能性、避難所暮らしの不便さ、避難中での健康悪化という避難コストを高く見積もる。これらは合理的な判断である場合もあれば、避難生活の不便さを過大評価したり、残留したときの危険性を過小評価したりした可能性もある。

第二は、避難コストよりも残留コストが大きいとは認識していても、今避難するのは面倒なので現在バイアスから「先延ばし」してしまうタイプである。

第三は、損失回避のためにリスクを取るというタイプである。参照点が現状で損害がない状態であると、損失リスクに直面したとき、損失回避の特性から損失を確定することを嫌うので、大きな損失リスクがあっても現状維持の可能性があるものを選びがちである。災害時でいえば、避難はそれ自体に移動などのコストが生じるが、残留すると大きな被害を受けるかもしれないし、全く被害を受けない可能性もある。人間は現状が維持できる可能性があれば、その望みに賭けがちになる。

この場合に、どのようなナッジを考えることができるだろうか(表2-4)。避難コストを気に掛ける第一のタイプが多い場合は、避難コストが実際には低いことを示す情報提供が求められる。避難所暮らしが敬遠されているのならば、食べ物や飲み物、毛布が無料で配られていて、快適な暮らしを送れるとアナウンスする。同じことだが、避難所に行かないとそれらを確保できない、というように損失メッセージで伝えることも効果的だ。自宅に残って結果的に救援活動を受けることになれば、どれだけの負担や費用を周囲に強いるかを詳細に説明するのも一つの方法だ。

第二のタイプに挙げた先延ばしする人々に関しては、本人は避難すべきだという自覚がある

表 2-4　予防的避難の意思決定のボトルネックとナッジ

予防的避難の意思決定のボトルネック	ナッジ・メッセージの候補
避難することが自宅に残るより心身に負担がかかると判断	「避難所に行くことで食料や毛布が得られます」 「避難所に行かないと食料も毛布も得られません」 「自宅に残って被害を受けると救援活動で周囲に迷惑をかけます」
避難する方がよいことはわかっていても、避難することを先延ばしにする「現在バイアス」が原因	避難勧告が出た場合に、○○に避難すると用紙にあらかじめ書き込ませる 「いま避難所に行けば寝る場所が確保できます」 「いま避難すれば、水や食料が確保できます」 「あなたが避難しないと人の命を危険にさらすことになります」 「率先避難者たれ！」
避難しなくても被害を受けない可能性を高く見積もり、避難するというコストを高く感じる「損失回避」が原因	「身体にマジックで住所と氏名を書いてください」 「身元が確認できるものを身につけてください」

ので、危険な状況になったら避難するというコミットメントをさせることだ。具体的には、あらかじめ「避難情報のどの段階が出たら避難するか」を自分で書いてもらうということが有効だと言われている。個人や地域・組織で早期避難のタイミングや基準を「避難スイッチ」として自ら設定しておくのもコミットメント手段として有効である。スイッチの基準としては、自ら観察可能な現象を利用することもできる。

あるいは、「いま避難所に行けば寝る場所が確保できます」「いま避難しないと避難所は受け入れられません」「いま避難すれば、水や食料が確保できます」というように、「いま」という点を強調したアナウンスを流す。つまり、先延ばしはできない状況をつくるか、先延ばし自体が損になると伝えるのも現在バイアスへの対処ナッジとして考えられる。

また、「社会規範」を用いたナッジも有効である。人は多数派の行動を社会規範と考えて、それに従う傾向がある。災害時に応用するならば、「すでにほとんどの方が避難しています」とアナウンスすれば避難を誘導できる可能性がある。実際、広島県のアンケート調査やインタビュー調査を分析すると、事前に避難した人の多くは、「周囲の人が避難していた」「消防団の人が避難するように言ってきた」ことを理由にあげている。避難を誘導する際に、「多くの人が避難しています」という表現が有効なナッジになる。ただし、実際には人々は危険を感じてもなかなか避難しないので、このナッジをそのまま使うことは難しい。

しかし、「周囲の人が避難すると他の人も避難する」という事実を共有知識にすれば、「自分が避難すれば他の人の命を救うことになる」「自分が避難しないと、他の人の命を危険にさらす」というメッセージが有効になる。大きな成果をあげた釜石市の津波防災教育では、①想定にとらわれるな、②その状況で最善を尽くせ、③率先避難者たれ、という避難3原則が子どもたちに教えられてきた。

このうち第三の原則は、ナッジとして優れている。「自分が『率先避難者』となり避難することによって、皆の命を救うことができる」とこの3原則の提唱者は真意を説明する。実際、東日本大震災の津波の際に、釜石市では「大挙避難する小・中学生を見て避難した住民も多かった。率先避難者となった子どもたちは、周りの大人たちの命までも救った」とのことだ。

広島県で2019年に行われたアンケート調査の結果から、「これまで豪雨時に避難勧告で避難した人は、まわりの人が避難していたから避難したという人がほとんどでした。あなたが避難しないと人の命を危険にさらすことになります」あるいは「あなたが避難することは人の命を救うことになります」というメッセージが避難意識を向上させることに大きな効果があることが示された。

第三のタイプである損失回避から避難行動を取らない人には、どのようなナッジが効果的だろうか。彼らは、参照点が現在避難しないで生きているという状況にある。このままでは、避難するという損失確定よりも避難しないというリスクに賭けてしまう。対応方法は表現を工夫することで、避難することを損失ではなく利得に感じさせることである。利得局面であれば、多くの人は安全策を取る。つまり、参照点を変えることができるメッセージである。

アメリカでハリケーンが上陸した時、逃げないという人に対して避難を促す上で効果的なのは、「残留する人は身体にマジックで社会保障番号を書いてください」というメッセージだったという。このメッセージを聞いた人は、災害で死亡した際に身元確認をするために、そうすることを求められていると理解する。その段階で、人々は自分が災害で死亡していることを想像するので、死亡している状態が参照点になる。そうすると、避難して生存していることは損失ではなく利得だと感じられる。つまり、参照点が最悪の状況になったため、安全策を取ることができるのだ。日本であれば、「身体にマジックで住所と氏名を書いてください」とか「身元が確認できるものを身につけてください」と伝えることが効果的だろう。

ナッジは危険なのか？

ナッジに対して否定的な意見をもつ人も多い。ナッジが人々の選択を特定の方向に誘導することを危険視するのである。ナッジは選択の自由を確保しているというのが前提であっても、選択に影響を与えることは事実である。そうした影響が、人々の自由な選択を歪めていること自体が望ましくないというのである。ナッジを利用しようという政府は、人々が自身のためになる選択を自分ではできないと考えていて、人々のためになるように、選択に影響を与えたり、修正したりする手段を提供すべきという温情主義的な（パターナリスティックな）考え方を背景にもっている。ナッジに批判的な人は、このような選択の自由に制限を与える政府の温情主義的政策に反対する。

ナッジは、見えないところで人々を操作しているように感じさせるため、拒否感をもつ人もいる。例えば、私たちの意思決定はデフォルトに大きく影響される。デフォルトをナッジとして使うことに拒否感をもつ人もいるだろう。しかし、もともと私たちの身の回りの社会は、意図したものも意図せざるものも含めて、デフォルトをはじめとするナッジで満ちている。アンカリングを使ったナッジに批判的な人であっても、買い物をする際に、どれかの商品は最初に目にすることになる。

日本では、臓器提供の意思表示は、臓器提供をしないことがデフォルトになっている。どのような選択をする際も、その選択の提示のされ方で私たちの判断が影響されているということを前提に考える必要があるのだ。

それでも、温情主義が人々の厚生水準を下げてしまうのではないか、自主性を損なうのではないか、とナッジに反対する人がいるだろう。人々の厚生水準を下げる理由としては、つぎのような意見がある。

第一に、人々の好みが多様であることだ。第二に、人々は間違った意思決定をするかもしれないがそこから学習するので、ナッジが学習の機会を奪うことは望ましくないというものだ。第三に、ナッジを作る政府や官僚にも偏見やバイアスがあることだ。第四に、ナッジによって特定の製品が好まれるようになると、自由な市場競争に影響を与えてしまい、新製品・サービスの開発意欲が低下して、最終的に消費者が不利益を被るかもしれない。

第一の人々の好みの多様性については、ナッジでは選択の自由が保障されている。また、選択の自由が、必ずしも本人の満足度を高めることにならないのは、現在バイアスや選択過剰負荷などの例で示した通りである。第二の、ナッジがあると学習の機会を失うというのは、人生で何度も行わないような意思決定には当てはまらない批判である。また、情報や学習機会を提供するようなナッジであれば問題ない。

第三の政府や官僚のバイアスの問題については、ナッジを政府が用いる際には、透明性と説明責任を課するということで対応すべきである。第四の市場競争を歪めるという問題については、もともと公害のような外部性や売り手や買い手の独占によって市場が失敗する場合には、市場競争を重視する伝統的経済学でも政府の介入は正当化されていた。ナッジは、市場が失敗する場合に、外部性を減らしたり、市場競争を促進したりするような形で導入すべきものであり、自由な市場競争と対立するものではない。

温情主義的な政策は、人々の自主性を失わせるという批判についてはどうだろうか。ナッジは、そもそも選択の自由を確保しているので、自主的な意思決定に反するものではない。しかし、ナッジのうちデフォルトは、自主的に選ぶ機会を減らしているという批判があるかもしれない。これについては、私たちは、もともと日常生活で、すべてのことについて、情報を得て意思決定をしているわけではないことに注意すべきである。多くの場合、誰かが意思決定したものに従ったり、単純にルールや習慣に従ったりしている。そのような一種のデフォルトに従うことで時間とエネルギーを節約し、より重要な問題を考える際に自主的な意思決定が可能になるのだ。

第3章　仕事のなかの行動経済学

1　三つの例から

バイトのシフトをどう入れるか

あなたは球場で1週間ジュースの売り子のアルバイトをすることになった。報酬は自分の売り上げに比例する。「週5日で合計20時間を好きなように割り振ってください。働く時間はその日に決めてもらえればいいです。アルバイトの人の1日の平均売り上げは4万円です」と雇い主から指示された。この期間は、他には予定が入っていない。あなたはどのようにシフトを入れるだろうか？　つぎのうちから選んでほしい。

A　毎日4時間働く

B　売り上げ4万円を毎日の目標にしてそれを達成するまで毎日働く

C　売り上げが多そうな日に多めの時間を配分する

天候や試合の状況で売り上げが変わるので、売り上げの変動はランダムだとしよう。この時、最も多くの売り上げを期待できる働き方はCである。合計20時間という制約があるので、売り上げが多い日に長く働いて、売り上げが少ない日には少ししか働かないというのが、自分の売り上げ合計を最大にできる。毎日4時間働くAの働き方がその次になり、Bの固定的目標設定が最も少ない売り上げになる。売り上げの少ない日に目標達成のために長時間働いてしまうと、20時間という制約に直面して、売り上げの多い日に少ししか働けない。

しかし、Cの働き方には落とし穴がある。それは、毎日、今日は売り上げが少なそうだと判断して、結局、予定した労働時間を最終日まで達成しないという可能性である。つまり、その時点の最善の選択をしないで、現在バイアスによって働くことを先延ばししてしまうおそれがあるのだ。Bの働き方は、20時間働く上では最も効率が悪い。あまりジュースが売れない日に長時間労働をして、よく売れる日には目標達成が早いので早めに仕事を終えてしまう。Aの働き方は、BとCの中間になる。

タクシー運転手の行動予測

雨の日はタクシーを見つけにくい。タクシーの供給が変わらないのに需要が増えるからである。しかし、客が増えるということはタクシー運転手にとっては時間あたり賃金が増えるので、いつもより長時間働いてもいいはずだ。それなら供給が増えてもおかしくない。タクシー運転手は伝統的経済学の予測どおりの行動をしていないのではないか。

参照点が労働供給に影響を与えるという行動経済学的予測を実際のデータから明らかにした研究として最も知られているものは、ニューヨークのタクシー運転手の働き方についての分析である。実は、賃金が上がると労働時間を増やすのかどうか、という基本的な経済学の仮説を実際のデータで調べることは意外に難しい。多くの労働者は、必ずしも毎日の労働時間を自分で決めているわけではないし、生産性や賃金も毎日変動しているわけではない。

ところが、タクシー運転手の実質的な時間あたり賃金は、天候、地下鉄の故障、曜日、休日、会議の開催、コンサート等のイベントの有無などの様々なショックで毎日変動する上、毎日の労働時間をある程度自分で決めることができる。タクシー会社や個人タクシーでは料金自体は需要に応じて変化しないが、タクシー運転手が客を探す時間は毎日変動する。空車で走っている時間が短くなれば、時間あたり賃金は上がるのだ。

なかでも、スマホを利用したタクシー配車サービスであるＵｂｅｒでは、タクシー料金は需要に応じて料金を変えている。日々の賃金変動がある場合、伝統的な経済学に基づくと、タクシー運転手は時間あたり賃金が高い日には長く働き、それが低い日には早めに仕事を終えると予想される。

これは、1日以上の時間的視野をもっている労働者を想定すれば自然な行動だ。仮に、今日1日限りの賃金上昇が発生し、明日以降は昨日と同じ賃金に戻るとする。労働者はその日の労働時間を長くし、余暇時間を短くすることでその日に得られる所得は高くなる。そして、明日以降の労働時間を短めにすることで、明日以降の余暇時間を長くする。将来の余暇を増やすことで今日の余暇を減らすという代替ができるのであれば、余暇からの満足度はあまり変わらない。

つまり、時間あたり賃金が高い時に長く働き、低い時に短い時間働くことで、週単位や月単位の総労働時間が変わらない場合でも所得金額を増やすことができるのだ。これは、経済学の言葉で言えば、賃金ショックが一時的であるため所得効果が発生せず、代替効果だけが発生するからである。所得効果というのは、所得が高くなると余暇を楽しみたいと思うため、労働時間が短くなる効果のことである。

一方、今日賃金が上昇し、明日以降もその賃金水準が続くような恒久的な賃金ショックが生じた場合を考えよう。この場合なら、今日慌てて長時間労働しなくてもいいと思う人が多いだろう。これは、恒久的な賃金上昇によって生涯賃金が上昇するため、豊かになった分余暇を楽しみたいという所得効果が発生し、労働供給を引き下げる影響が生じるからである。

つまり、伝統的経済学によれば、時間あたり賃金がランダムに変動するタクシー運転手は、時間あたり賃金が高い時により長時間働くと予想される。したがって、タクシー運転手の時間あたり賃金と労働時間の間には正の相関が観察されるはずである。研究者たちは、ニューヨークのタクシー運転手の勤務データを用いて、この予想が正しいか否かを実証的に分析した。その結果、ほとんどのケースで賃金が労働時間にマイナスの影響を与えていることを示した。つまり、時間あたり賃金が高い日には、タクシー運転手は早めに仕事を終えるのだ。特に、経験年数が短い運転手の場合は、賃金が1％高まると労働時間も1％減っていた。

行動経済学で解釈すると

この結果は伝統的経済学の予想と異なるが、研究者らはこれを行動経済学の枠組みで解釈している。第一に、運転手の時間的視野が1日単位という、伝統的経済学で想定されるよりも短い期間になっているという可能性である。ある日の一時的な賃金上昇であっても、時間的視野が1日であれば、所得効果が発生し、それが代替効果を上回ればこのような結果が説明できる。

第二の可能性は、参照点の影響である。タクシー運転手が1日あたりの目標所得を設定しており、その金額を参照点としているというケースである。タクシー運転手は、参照点よりも低い所得だと損失が発生すると感じて満足度が大きく低下し、参照点以上だと満足度の増加が小さい。その場合、タクシー運転手は、参照点に所得が到達した段階で仕事を終える可能性が高くなる。つまり、時間あたり賃金が高ければ早く参照点に到達し、逆であれば遅く到達する。時間あたり賃金と労働時間の間の負の相関が説明できるのだ。

タクシー運転手は休憩時間を自分で設定できるので、時間あたり賃金の計算に誤差が発生する。賃金と労働時間の関係に、この誤差が影響する可能性もある。では、時間あたり賃金を使わないでタクシー運転手の行動を分析する手法はないだろうか。もし目標所得があってそれが参照点になっているのであれば、時間あたり賃金を用いなくても、直接的に行動経済学的な仮説が検証できる。すなわち、毎日の目標所得が参照点になっているとするならば、１日の中での累積所得金額が高くなると仕事を終える確率が高くなるはずだ、という仮説を別の研究者は検証した。

その結果、累積所得金額には無関係であるが、１日の中での累積労働時間に依存することを明らかにした。つまり、目標所得金額を参照点にしているという仮説は棄却された。さらに、毎日変動する目標所得金額があってタクシー運転手はその日の目標所得に到達すると仕事を終える確率が高まるという仮説もデータで検証された。その結果、目標所得金額の影響は存在するが、目標所得金額が毎日大きく変動すること、ほとんどのタクシー運転手は目標所得金額に到達する前に仕事を終えているということが示された。

目標所得に到達する前に仕事を終えているタクシー運転手がほとんどだということは、実際には目標所得は労働供給にあまり影響していないことになる。目標所得の変動が大きいことは、ランダムなショックが主要な要因で労働供給が決められていることになってしまい、目標所得仮説で説明すること自体が難しくなる。

タクシー運転手の行動経済学的研究はここで終わらなかった。さらに別の研究者たちが同じデータを用いて、所得や労働時間の水準と目標との差の両方から満足度を得るという、伝統的経済学と行動経済学を折衷した考え方に基づいたモデルを推定している。彼らは、目標所得と目標労働時間の両方が勤務日の前半の状況でタクシー運転手によって合理的に形成されると考えて推定した。その結果、タクシー運転手はどちらかの目標に到達すると仕事を止める確率が高くなること、参照点は非常に安定的であることを見出した。つまり、タクシー運転手の行動は参照点に依存するというプロスペクト理論の考え方と整合的だというのだ。

プロゴルファーの損失回避

参照点に依存した意思決定や、時間的視野を短くするという意思決定をすれば、より長期の時間的視野で参照点を無視した意思決定をしている人よりも長期的な利得は小さくなる。タクシー運転手の研究でも、伝統的な経済学と異なる行動をしていたのは経験年数の短い運転手に限られていた。どの分野でもトップクラスの生産性を上げている労働者では、行動経済学的な特性は観察されないのであろうか。答えは否である。

ゴルフのトッププロ選手にも損失回避行動が観察されるということを明らかにした研究がある。その研究では、アメリカのプロゴルファーのデータを使って、損失回避によるバイアスの存在が明らかにされている。プロゴルフのトーナメントは、18ホールを4日間プレーして、その間の累積打数が最小であったものが優勝する。つまり時間的視野は72ホールということになる。しかし、1ホールごとに標準的なホールまでの打数を示すパーが定められているため、多くのプレーヤーは、パーを参照点とみなし、それよりも多くの打数を打つことを損失とみなす傾向がある。逆に、パーよりも1打少ない打数でホールに入れるバーディや2打少ない打数のイーグルを利得とみなすと考えられる。パーよりも1打多く打ってボールをホールに入れるボギーや2打多いダブルボギーは損失である。しかし、72ホール全体の打数を最小にすればいいので、毎回のホールによって利得と損失を考える必要はない。

もし、パーよりも打数が増えてボギーになることをプロゴルファーでさえ損失とみなすのであれば、パーを取れなくなることを極端に嫌うために、パーパットでの集中力が他のパットよりも高まるはずだ。研究者たちは、グリーン上でのボールからホールまでの距離など様々な条件をコントロールした上でも、プロゴルファーのパーパットの成功率はバーディパットの成功率よりも高いことを明らかにした。トップクラスのプロゴルファーでも損失回避によるバイアスから逃れられないことを示したのだ。ゴルファーにとっては、バーディパットであってもパーパットであっても、同じだけの集中力でパットを打つほうがゴルフの成績がよくなる。

この研究でもう一つ興味深いのは、バーディパットでは、パーパットに比べて、ホールまでの距離より長いパットではなく、短いパット（ショート）を打ってしまうというミスをしがちであることを示している点である。通常、短めのパットを打つというのは、安全策だと考えられている。バーディパットでは安全策を取りやすいというのは、利得局面ではギャンブルをしないけれど、損失局面ではギャンブルをしがちになるという損失回避行動と整合的である。

では、こうした損失回避傾向が強いプロゴルファーは、賞金獲得ランキングで下位の選手に多いのだろうか。この研究の推定結果によれば、損失回避傾向は賞金ランクの上位の選手にも下位の選手にも同じように観察されている。

プロゴルファーの損失回避をもっと直接的に観察した研究もある。ペブルビーチ・ゴルフリンクスとオークモント・カントリークラブは、どちらもゴルフのUSオープンが開催されてきた。ペブルビーチ・ゴルフリンクスは、2000年以降、第2ホールのパーをそれまでの5から4に変更した。オークモント・カントリークラブは、第9ホールのパーをやはり5から4に変更した。どちらのゴルフ場もコースデザインには変更がなかったのにもかかわらず、USオープンでの選手のストローク数は、パーが4になってからの方が少なくなったのだ。つまり、トッププロ選手であっても、パーという目安を参照点にしていたことを明確に示している。

2　ピア効果

優秀な同僚が入ってきたら

あなたの職場に、生産性の高い同僚が入ってきたとする。あなたの生産性はどのように変化するだろうか。もし、チームで仕事をしていたなら、あなたは少し手を抜いても、優秀な同僚のおかげで今まで通りの成果をあげられるかもしれない。逆に、あなたが生産性を高める可能性もある。

第一に、あなたは優秀な同僚の働きぶりを無意識に参照点にすることで、彼の生産性に追いつこうと努力するかもしれない。他人の生産性や努力水準が参照点となっている場合には、その水準よりも自分の努力水準が低いと損失を感じる。この場合、他人の努力水準が高まれば、自分の努力水準も高くなるのだ。第二に、あなたが互恵的な選好をもっている場合でも、あなたは努力するようになるかもしれない。生産性の高い同僚のおかげで職場の全員が恩恵を被っているのであれば、その恩に報いたいと思うからだ。

第三に、社会的なプレッシャーを感じる効果であなたが努力をするようになる可能性もある。生産性の低い労働者は、生産性の高い労働者から見られていると感じることで、生産性が低いことを恥ずかしいと感じるかもしれない。あるいは、同僚の中での評判を落とすことを防ぐために、生産性を向上させる可能性がある。第四に、生産性が高い労働者から知識や技術を学ぶことで、あなたの生産性が高まるという可能性もある。こうした、同僚が他の労働者の生産性に与える影響は**ピア効果**（同僚効果）と呼ばれている。

ピア効果を現実のデータを用いて実証するためには、個人の生産性と同僚の生産性を特定する必要がある。ピア効果が存在する場合には、同僚からの効果と自分から同僚への効果の双方があるため、同僚からの影響だけを識別することも必要である。これらの課題を克服した研究がいくつか存在する。

スーパーマーケットのレジ打ち

アメリカのスーパーマーケットチェーン店のレジ打ち従業員に関する大規模なデータを駆使して、ピア効果を測定した研究がある。同じ時間帯に同じ店でレジ打ち作業をしている従業員の情報を用いて、同僚の生産性が高いとその時に働いている従業員各個人の生産性が上昇することを明らかにしたのである。この研究の推定結果によると、同僚の生産性が10％上昇すると、その職場の他の従業員の生産性は1.5％上昇する。興味深いのは、ピア効果が発生する理由である。

スーパーマーケットのレジでは、従業員が前後に並んで仕事をしている。あなたがレジ打ち従業員だったとしよう。あなたは、自分の前方にいる同僚の仕事ぶりを観察することができる。一方で、自分の後方にいる同僚からはあなたの仕事ぶりが観察されている。あなたは、自分の目の前の同僚の生産性が高い時と自分の後方にいる同僚の生産性が高い時とでは、どちらがより頑張ってレジ打ち作業をするだろうか。

研究結果は、生産性の高い同僚から見られている場合に生産性が高まり、生産性の高い労働者を見ている場合には自分の生産性は影響を受けないというものだった。しかも、後方にいる労働者の生産性の高さを元から知っている場合にのみ、この効果が観察される。つまり、背中から生産性の高い労働者の視線を感じることが社会的プレッシャーになって努力水準が高まるという仮説と整合的である。もし、同僚の生産性が参照点になっているのであれば、同僚の働きぶりを見ていることで、自分の生産性が変化するはずである。

レジ打ち作業の場合は、買い物客の会計作業をチームで行うという意味でチーム生産の場面において、同僚からの社会的プレッシャーというルートを通じてピア効果が発生していたのだ。ただし、この結果を実務で生産性を高めるために応用するのはかなり難しい。レジ打ちの職場では、パートタイム労働者が多い上、シフトの変更もある。生産性が高い順に労働者の配置を常に変えていく必要があるからだ。

競泳のタイム決勝

チーム生産ではなく、労働者がお互い競争的な状況におかれた場合には、他人の生産性に依存するというタダ乗りの余地がない。その場合には、プラスのピア効果はより観察されやすいかもしれない。日本の研究者たちは、競争的環境にある人が周囲の影響によって努力水準を変えるかどうかを競泳のデータをもとに分析した。

彼らが用いたのは、日本の小学生から高校生までの水泳大会の１００メートル自由形と背泳ぎのタイム決勝のデータである。水泳の大会は、オリンピックゲームのように、予選、準決勝、決勝と勝ち残って最終勝者を決める大会と、いくつかのグループに分けられた選手たちが泳ぎ、すべてのグループのタイムで最も速かった人が優勝するという「タイム決勝」がある。タイム決勝制度のもとでは、同時に泳ぐグループはベストタイムが近いもので構成されているが、同時に泳ぐ人だけが直接の競争相手ではない。優勝するためには、同時に泳ぐ選手（ピア）の実力とは無関係に最大の努力をしなければならない。その意味で、タイム決勝では、隣で泳ぐピアが誰であれ全力を尽くすというインセンティブが選手にはある。それにもかかわらず、選手たちはピアに影響されるのだろうか。

水泳競技のデータは、各選手のそれまでの自己ベスト、どのコースを泳いだか、大会、プールなどの影響をコントロールすることができる。自由形では両隣の選手の場所を確認できるが、背泳ぎでは全く確認できない。したがって、ピアの様子を観察できるかどうかが努力水準に影響を与えるかどうかも検証できる。また、小学校から高校までの大会では、棄権する選手もいるので、両隣のコースに選手が泳いでいないという状況も発生するため、ピアの存在がどのような影響を与えるかも検証できる。

100メートル自由形のデータを用いた研究結果は、つぎのとおりである。水泳選手は、自分より遅い選手が隣のレーンにいる時には、両隣に誰もいない時より速く泳げるが、自分よりも速い選手が隣にいると一人で泳いだ時よりも遅くなってしまう。

ところが、両側の選手の状況を見ることができない100メートル背泳ぎの場合は、ピア効果は観察されない。これらの結果は、隣のレーンで泳ぐ選手のスピードが参照点になっており、ベストタイムが遅い選手に負けることが損失と感じられているという仮説と整合的である。

ただし、この研究は競泳大会の競争的環境におけるピア効果だけを検出しており、練習を一緒にすることで発生するピアからの学習効果などの長期的な影響は分析できていない。そこで、同じ研究者たちは、水泳選手が所属チームを変更した場合に、加入先チームに元から所属していた選手の成績にどのような影響を与えるかということを調べて、練習を一緒にすることのピア効果を調べた。優秀な選手がチームに移籍してくると、元からいた選手たちのタイムが向上することが明らかになった。努力や技術の向上を通じたプラスのピア効果が水泳競技には存在するようだ。

第４章　先延ばし行動

1　賃金について考える

参照点による効果

「(ケース1)物価が2%上がっている時にあなたの賃金が1%上昇した」場合と、「(ケース2)物価が2%下がっている時にあなたの賃金が1%カットされた」場合では、あなたはどちらが嬉しいだろうか。

ケース1の賃金が引き上げられた時の方が嬉しいかもしれない。ところが、あなたの生活水準の変化は、名目賃金の上昇率から物価の上昇率を差し引いた実質賃金の変化率で示される。実質賃金の変化率は、ケース1ではマイナス1%で、ケース2ではプラス1%なので、ケース2の方があなたの生活水準は上昇している。そういわれても、賃金がカットされるよりも賃金が引き上げられる方が嬉しく思ってしまうのはよくわかる。

実際、物価が下落するデフレーションの時や不況で失業率が高まっている状況でも賃金が下落しにくいことはよく知られている。このようなことが生じるのは、一つには、現在の名目賃金の水準が参照点になり、それより下がることを損失とみなしてしまうことが理由だと考えられる。物価水準が下落している場合でも名目賃金の下落が発生しにくい理由の一つとして、賃金カットをすると労働者が企業への信頼を失ってしまうというモラルダウンの発生がある。賃金カットにそのような効果があるため、賃金を下げなかった企業ほど、景気が上昇しても賃金が上昇しないということも実際に生じている。

伝統的経済学による年功賃金の説明

日本の多くの企業では、新入社員の頃は賃金が低く、勤続期間が長くなるにしたがって賃金が上昇していくという年功賃金が採用されている。年功賃金への批判は、生産性が高い若手社員の賃金が低く、生産性が低くなった定年間際の社員の賃金が高いという生産性との乖離があることだ。年齢とともに賃金が高くなるので、人口高齢化でも高齢者の雇用が進まない背景になっている。実は、年功賃金も行動経済学で説明ができる。

行動経済学による年功賃金の説明の前に、伝統的経済学による年功賃金の説明を紹介しておこう。伝統的経済学では、年功賃金をつぎの３つの方法で説明してきた。

第一に、労働者は、企業に入ってから経験を積むこと、仕事につきながら上司や先輩から仕事を教えてもらったり、研修を受けたりすることで、生産性が上がっていくため、その分賃金も上がっていくという人的資本理論での説明である。要するに、年功賃金は生産性の上昇を反映しているという考え方だ。

第二に、若い頃は生産性より低い賃金を支払い、年齢が高くなると生産性以上の賃金を支払うというインセンティブ仮説がある。なぜ、年齢が高い人が生産性より高い賃金をもらっているのに労働意欲を高める効果があるのだろうか。それは、サボっていることが見つかると解雇される仕組みが背景にある。若い頃に生産性より低い賃金しかもらっていないので、定年まで働かないと元が取れない。もし、サボっていたら途中で解雇されてしまうのであれば、生産性より低い賃金をもらったままになるので、サボらないように働き続けようと努力することになる。懲戒解雇では支給されない退職金も同じように機能する。

第三に、勤続年数が長くなると生産性が高い人だけがその企業に残っていくので、それだけ勤続年数の長い人たちの賃金も高くなるという考え方だ。これは、セレクション仮説と呼ばれている。個々の労働者にとっては、どの職場で働くかは向き不向きがあって、生産性も職場との相性によって左右されるので、職場に向いていなかった人は、徐々に辞めていくという考え方を背景にしている。

行動経済学による年功賃金の説明

行動経済学での年功賃金の説明はつぎのようになる。現在の賃金水準を参照点とすれば、私たちは賃金上昇を利得、賃金下落を損失と感じるので、賃金上昇が続く賃金制度の方が、賃金の下落の可能性がある賃金制度よりも従業員の満足度が高くなるというものだ。

このことをアンケート調査から明らかにした研究がある。研究者たちは、シカゴの科学産業博物館で80人の成人に対して、6年間の賃金総額は同じであるが、毎年均等、毎年減少、毎年増加といった7種類の賃金プロファイルの好みの順位を質問した。伝統的経済学では、同額であれば将来もらうお金よりも現在もらうお金を好むと想定されることが多い。将来もらうものを現在もらったとしたらいくらの価値になるかを現在価値という。

7種類の賃金プロファイルを将来の賃金を時間割引率で割り引いた現在価値の合計で評価して考えると、現在価値が最も高いものは、現在の賃金が最大でその後減少していくタイプのものである。しかし、現在価値が最大になるプロファイルを選んだ人は、7.3%に過ぎなかった。多くの人は、現在価値が低いにもかかわらず、毎年賃金が上昇していくパターンを選んでいたのだ。賃金ではなく、家賃収入の受け取りパターンの好みを調べた場合では、現在価値が最大のものを選ぶ率は23.1％で少し増える。日本で同様のアンケート調査を行った研究でも同様の結果が得られている。

現在価値が少ないにもかかわらず、賃金が上昇していくパターンを人々が選ぶ理由としては、現在の賃金水準を参照点にするため賃金が減少していくと損失を感じること、現在多くの賃金をもらうと現在バイアスのために無駄遣いをするので、年功賃金をコミットメント手段として利用していることが考えられる。

2　バイアスに着目する

失業期間を短くする

現在バイアスは、就職活動を遅らせて失業期間を長期化させることに繋がっているかもしれない。アメリカの若年者縦断調査（NLSY）の失業期間と就職を決めた際の賃金の情報を用いて、求職者の現在バイアスの程度がどの程度の大きさかを調べた研究がある。その結果、低賃金および中レベルの賃金の労働者については、かなり大きな現在バイアスが存在することが示された。将来の就職を重視して、そのために職探し行動をする計画は立てることができるが、いま就職活動をするよりも別の楽しみに時間を使うことを選んでしまい、就職活動を先延ばししてしまう傾向があるということだ。

そこで、失業期間を短くするためにどのような政策が有効かを、行動経済学をもとにシミュレーションが行われている。その結果、現在バイアスがある労働者に対しては、再就職支援や職探し行動をチェックすることが有効であることが示されている。

もともと将来のことを重視していない人は、職探し行動をしないで失業給付期間を過ごし、失業給付が終了してから、簡単に見つかる低賃金の職についてしまう。一方、現在バイアスが強い人は、就職活動をして高い賃金のよい仕事につきたいと思っているが、就職活動を先延ばししてしまうので、結果的に失業期間が長引き、低賃金の仕事につくことになる。どちらも結果だけみると同じだが、現在バイアスが理由で失業期間が長くなる場合は、先延ばしをしにくい環境を設定することが効果的なのだ。

時間割引率が高く現在を重視する人や職探し行動を先延ばしする人は、実質的な就職活動が少なくなるので、結果的にそれほど賃金が高くなくて簡単に見つけられるような仕事を選ぶ可能性が高い。実際、日本のデータを用いた研究結果によれば、現在バイアスをもっているか、将来よりも現在をより重視する程度が高い労働者は、派遣労働を選びやすい。派遣労働は直接雇用に比べて、積極的な職探し行動をしなくても職を見つけやすい一方で、将来の賃金上昇の可能性が小さかったり、雇用期間が短かったりすることが多い。不安定な職業につきやすい労働者を減らすには、労働者の行動経済学的な特性を考慮した政策が重要であることを示唆している。

長期失業を防ぐナッジ

伝統的経済学では、失業保険給付が充実していると、失業者が職探しに熱心にならないため、失業期間が長期化すると考えられてきた。しかし、失業者の失業期間が長期化する理由が、失業給付があるため失業者が就職活動を熱心にしないからではなく、行動経済学的なバイアスによって発生しているのであれば、政策的対応も考える必要がある。

第一に、失業者に現在バイアスがあれば、職探し行動そのものを先延ばししていることが原因で失業期間が長引いている可能性も考える。第二に、参照点がこれからの仕事の相場賃金ではなく、過去に働いていた時の賃金になっている可能性である。伝統的経済学では、労働者が職探しを続けて失業状態に留まるかどうかは、その時に見つかった仕事の賃金よりこれからも就職活動を続けた方が得か否かを判断基準にしている。ところが、行動経済学では、参照点が失職前の賃金の場合、それ以上の賃金の仕事が見つかるまで、失業状態を続けることになる。高齢者がなかなか再就職しないのもこれが理由かもしれない。第三に、職探し行動を継続することによって将来得られる賃金についての楽観バイアスがあるかもしれない。

失業期間が長引くことが行動経済学的なバイアスを原因としていたならば、長期失業を防ぐための手法はつぎのようになる。第一に、職探し行動そのものを先延ばししているのであれば、職探し行動に直接リンクした報酬か罰金や、頻繁なリマインダーメールも有効となる。そうした活動を積極的にさせるには、早期就職にともなう失業給付からのボーナスは失業者本人に渡すよりも、ハローワークや就職支援会社に渡す方が効果的になる。社会保障の給付に期限をつけることで、先延ばし行動を和らげる効果も期待できる。第二に、失業者が希望する賃金と相場賃金のギャップを小さくするような介入をすることが効果的になる。

社会保障給付申請の現在バイアス

失業保険、年金、生活保護といった社会保障の給付を受けようと思う人は、仮に受給資格があったとしても自分で申請手続きをしないと給付を受けられない。これは申請主義と呼ばれている。本当に困っている人なら、面倒な給付申請手続きであってもそれを厭わないだろう。仮に、受給資格があったとしても、それほど生活に困っていないのであれば、面倒な申請手続きをしないだろう。申請手続きを面倒にすることで、無駄に社会保険料や税金を使わなくてすむということもできる。これが伝統的経済学の考え方だ。

しかし、行動経済学で考えてみると、この仕組みには問題がある。社会保障給付手続きをしない人の中には、それほど生活に困っていないのではなくて、生活には困っているが社会保障制度の理解ができていない人や手続きを先延ばしにしがちな人が多いかもしれない。

こうした人たちは、本来社会保障のターゲットにすべき人である可能性も高い。もし、貧困者ほどストレスが多く、意思力を既に使いつくしているならば、先延ばし行動をしがちになる。行動経済学の考え方は、今までの社会保障の給付申請にともなう煩雑さについての考え方を大きく変える可能性があるのだ。実際、生活保護や失業給付の受給資格があるのにもかかわらず、受給していない人が多いことは、伝統的経済学ではパズルとされてきた。

貧困家庭では、毎日の生活がぎりぎりの決断の連続であるため、数か月という消費計画を立てることは難しいし、視野が短期的になってしまう。最近の研究では、貧困者は金銭的に合理的な計算が裕福な人たちよりできないわけではなく、貧困によって認知能力が長期的な意思決定よりも短期的な意思決定に集中してしまうことが知られている。

長時間労働と先延ばし行動

２０１９年の働き方改革で、長時間労働を減らそうという考え方が広まってきている。どうして、働き方改革が重要になってきたのだろうか。労働時間が長いことを厭わない労働者は、仕事熱心で企業にとって好ましい人材である。しかし、労働時間が長い労働者がいつも企業にとって好ましいとは限らない。生産性が低いために長時間労働をしている可能性もあれば、労働者が好んで長時間労働していたとしても健康を害してしまい長期的には生産性が低下する場合もある。

伝統的な経済学では、競争的な労働市場において、労働者の意に沿わない長時間労働は発生しないと考えられている。労働者は自分が直面している賃金のもとで、自分の満足度が最大になるように労働時間を決定していると考えられているからである。伝統的経済学において、長時間労働が問題になるのは、労働市場において企業側の買い手独占と呼ばれる状況が発生している場合である。

買い手独占とは、労働者を雇う企業にとってライバルとなる競争相手の企業がいない状況のことをいう。買い手独占状態にある企業は、労働者に他の就業機会がないことを前提に賃金と労働時間のパッケージを示すので、労働者の生産性よりも低い賃金で一定の時間働かせることができる。労働者は、自分の生産性よりも低い賃金であっても他に選択肢がないので、この企業で働かざるを得ないのだ。この場合には、最低賃金制度による賃金への介入が正当化されるのと同様に、労働時間規制をすることが経済厚生を高める。現実には、地域に一つしか企業がないという状況は少ないかもしれない。しかし、通勤時間が短ければ働くという労働者にとっては、働くことができる職場が限られてくるということもあるだろう。

都市部のように多くの企業が存在している状況で、競争的な労働市場が存在しているにもかかわらず、健康を悪化させるほどの長時間労働が問題になるとすれば、行動経済学的なバイアスが影響しているかもしれない。また、企業が労働者の健康を重視して長時間労働抑制策をとっても、長時間労働を続けて健康を悪化させてしまう労働者の存在も行動経済学的バイアスで説明できるだろう。例えば、現在バイアスが強い失業者が就職活動を先延ばしするのと同様に、就業時間内において重要な業務を先延ばししているという可能性である。実際、子どもの頃、夏休みの宿題を夏休みの後半にしていた労働者は、長時間労働や深夜残業をする傾向が強いという研究もある。

　また、社会的選好も長時間労働に影響する。不平等回避を示す人も残業時間が長い。これは、同僚が長時間労働している中で、自分だけ早く帰ることを嫌うという特性が影響している。もし、労働時間にピア効果があれば、長時間労働する従業員が職場に入ってくると、他の従業員も長時間労働をするようになる。長時間労働は、職場で感染してしまうのだ。

　長時間労働を抑制するには、残業手続きを面倒にしたり、消灯して残業そのものをしにくくしたりすることが有効だろう。どうしても長時間労働が必要だという場合には、深夜残業ではなく早朝残業なら許可するというのも、選択の自由を確保しながら、残業そのものを面倒にするという意味でナッジに近い手法である。

　休暇の取得を促進するナッジとして効果的なのは、デフォルトを利用することだ。警察庁中部管区警察局の岐阜県情報通信部は２０１７年５月から、宿直翌日に休暇を取ることを原則にし、続けて勤務する場合にのみ宿直報告書の休暇を取得しないというチェックボックスにチェックを入れて上司へ申請する形に変更した。休暇を取るのに申請が必要だった16年度に比べ、宿直明けの休暇取得人数が３倍弱に増加したという。また、千葉市では、育休を取得する際にその理由を申請させていた制度を、育休取得をデフォルトにして、育休を取得しない場合にその理由を申請させる制度に変更することで育休取得率が大幅に向上した。

第5章　社会的選好を利用する

1 贈与交換

贈与交換で生産性は上がるか

社会的選好のうち、恩を受ければ返したいという互恵性から発生する贈与交換も、私たちの仕事では目にすることが多い。私たちの多くは、正の互恵性をもっているので、自分の賃金が参照点よりも高ければ、参照点と賃金の差額を雇い主からの贈与だと考えて、その贈与に報いる傾向があるのだ。つまり、労働意欲が高まる。経済学者は、これを贈与交換と呼ぶ。企業側から言えば、高めの賃金を支払うことによって、労働者の生産性が高まるので、高い賃金を支払うことが利益をもたらすことになる。

理屈では、確かにそうかもしれない。しかし、実際にそのような贈与交換で私たちは生産性を上げるのだろうか？　参照点より高い賃金を支払ったとすれば、その効果がどの程度続くか、実際に人を雇って分析した研究がある。この研究では、図書館のデータ入力や寄付集めの仕事をしてもらうために、つぎのような実験がなされた。図書館のデータ入力の仕事の募集の際には、6時間の仕事で時給は12ドルと伝えた。あるグループ（贈与グループ）には、当日になって時給を20ドルに増やし、別のグループは当初の時給通りにした。同様に、寄付集めの仕事の場合には、時給10ドルで集めて、約半分のグループには時給を20ドルに当日になって引き上げて、残りの半分は当初のままで雇用した。

注意すべきは、どの給料の支払い方にしても、給料は仕事ぶりとは無関係に支払われることである。伝統的な経済学の考え方であれば、6時間の仕事についての固定給なので、固定給が増えたからといって、仕事を頑張る理由は全くないはずだ。しかし、贈与交換の考え方であれば、固定給が予定よりも増えたことから労働者は雇い主の善意を感じるため、より頑張って働いて贈与に報いようとする。

結果はどうだっただろうか。どちらの実験でも最初の3時間は、贈与グループの方が高い生産性を示したが、後半の3時間ではその効果はなくなっていた。労働者は、雇い主の善意に報いようとするけれど、その効果は長続きしないということだ。

負の贈与の影響

賃金上昇が贈与であれば、賃金カットはどのような影響を労働者に与えるだろうか。ドイツの研究者たちは、図書館のデータ入力の仕事を時給15ユーロと予想されている6時間の仕事という募集で集めた学生たちを3つのグループに分けて仕事をしてもらって、賃金上昇と下落の影響を調べた。予定通り時給15ユーロのグループ、時給20ユーロに引き上げられたグループ、時給10ユーロに引き下げられたグループである。時給が引き上げられたグループは、予定通りのグループと生産性が変わらなかったが、10ユーロに引き下げられたグループの生産性は20%以上低下した。

つまり、募集時に提示されていた予想賃金が参照点となるため、それより低い賃金を提示されると、負の贈与と感じられるので、負の互恵性が働いて、低い生産性で雇い主に応じたと考えられる。賃金カットが、労働者のモラルダウンを招くという経営者が抱く心配と整合的だ。賃金が下げられる理由が納得できればこのような問題はないのだろうが、そうでない場合には、モラルダウンが発生する。賃金上昇は継続的に、賃金カットは納得のいく理由を提示して1回限りというのが、これらの実験結果から得られる教訓かもしれない。

贈与のイメージを意識させる

行動経済学の贈与交換の教訓は、同じだけの賃金を支払うにしても、それが贈与として認識されやすくする工夫があると効果的だということだ。

研究者たちは、予定していた給料よりも時給を上げる際に、それを現金で支払うか現金以外のプレゼントで支払うかで、労働者の生産性が変化するかどうかを実験で確認した。彼らは、時給12ユーロで3時間の図書館でのデータ入力の仕事を学生に募集した。採用された学生たちは6つのグループに分けられた。

第一のグループは、募集通り時給12ユーロで仕事をした。それ以外のグループは、時給12ユーロに加えてつぎのような追加給付をもらった。第二のグループは、現金7ユーロのボーナスを与えられた。第三のグループは、時給12ユーロに加えて7ユーロ相当の水筒が与えられた。第四のグループは、7ユーロという値札がついた水筒が与えられた。第五のグループは、現金7ユーロか水筒のどちらかを選択できるようにした。第六のグループには、現金7ユーロを折り紙の人形にして渡した。読者なら、どの形でもらったら一番努力するだろうか。伝統的経済学が想定する人間であれば、固定給なのだからどの場合も労働者の生産性は変わらないはずだ。

実験結果は、つぎの通りだ。第二グループの現金7ユーロをもらうというグループは、ボーナスがなかった第一グループと生産性は変わらなかった。つまり、伝統的経済学の想定と同じである。しかし、第三グループから第五グループの水筒をプレゼントされたグループでは、第一グループよりも生産性が高くなっていた。

さらに興味深いのは、7ユーロの現金を折り紙の人形にして渡した第六グループの生産性が一番大きく上がっていたのだ。現金をそのまま渡された第二グループと現金を人形の折り紙にして渡された第六グループは、全く同じ金額のボーナスを受け取っているにもかかわらず、生産性は大きく異なっていた。これは、贈与というイメージをより強く意識させているかどうかで、私たちの行動が変わることを意味する。

現金だけの場合には、私たちは、金銭だけを判断に用いる市場規範だけで行動する。しかし、水筒であったり、現金を折り紙の人形にしたりして、プレゼントであるという意味合いを持たせると、私たちは社会規範で動機付けられ、その贈与に対して報いるために、努力して生産性を高める。日本人であれば、お礼を込めてお金を支払う際には、祝儀袋に新札のお金を入れて渡す。これは、単に市場規範でお金を支払うという意味ではなく、お礼という社会規範の意味づけをもたらす効果をもっているからだろう。

2　昇進格差はなぜ生まれる？

競争選好に男女差はあるか

人口減少社会で女性の活躍が期待されるなか、まだまだ労働市場には男女間格差が存在する。特に、日本では女性の管理職が少ない。この理由として、女性が家庭での家事労働を担うという伝統的価値観のもとで、長時間労働が重視される日本企業では十分に活躍できないという問題が大きい。また、日本企業は従業員の訓練を企業負担で行うことが多いので、その訓練費を回収するために長期勤続が期待できる男性に訓練を集中させているということも考えられる。

一方で、男女間の昇進格差の原因に、危険回避度や競争選好についての男女差があるのではないか、という行動経済学的な仮説が近年注目を集めている。つまり、昇進競争に参加することを嫌う程度が、男女で違うことが昇進格差の原因ではないかという仮説である。競争に対する嗜好に男女差があることが、高賃金所得を得る職業に就く比率に男女差を生みだす原因となっているというものである。

この仮説によれば、男性の方が、女性よりも競争に参加すること自体が好きだったり、競争でより実力を発揮できたりすることが、昇進競争での勝者の数の男女差につながる。このような競争に対する男女の嗜好の差がそもそも存在しているのか、存在しているとすればそれは生まれつきの差なのか、教育や文化によって形成されるものなのだろうか。

競争的報酬の生産性上昇効果や競争的環境についての好みについては、コンピュータ上で迷路や足し算などの問題を学生に解かせ、その正解に応じて報酬を支払う実験を行って研究することが多い。ある研究者たちは報酬の支払い方法が出来高給のグループとトーナメント制による報酬のグループの2つを作り、その報酬形態による成績の差を男女で比較した。出来高給は、本人の正解数だけで報酬が決まり、トーナメント制はグループの中で一番の時だけ高い報酬がもらえるものである。その結果、女性の成績はどちらのグループでも同じであるのに対し、男性はトーナメント制の方でよりよい成績をあげることが示された。

競争環境下での成績には、子どもの頃から男女差があるという研究もある。9歳から10歳の子どもたちに徒競走させるという実験だ。子どもたちは、最初に1人で走り、次にペアで走り、それぞれの場合で時間を計測する。女子は1人で走っても、2人で走ってもかかった時間に変化はなかったが、男子は1人で走るよりも競走して走った時の方が速く走ることができるという結果が得られている。

競争的な報酬制度への選好そのものに男女差があるかもしれない。このことを調べた有名な研究では、２桁の数字５つの足し算を５分という制限時間内でできるだけ多く解いてもらう課題を実験参加者にさせた。最初に、参加者には、出来高制とトーナメント制の両方の報酬体系のもとで作業をしてもらう。その上で、もう一度、どちらかの報酬体系を選んで、作業をしてもらう。

この方法で、競争への選好を分析した。この実験の結果は、男性の方が女性よりも競争（出来高払いよりもトーナメント制）が好きであり、男性の方が女性よりも自信過剰であることを示している。日本で行われた実験結果も、アメリカをはじめ先進国で行われた実験とほぼ同じ結論を示している。

マサイ族とカシ族での実験

では、このような競争に対する態度の男女差は、遺伝的なものだろうか、それとも文化的なものだろうか。それを明らかにするために、マサイ族という父系的社会とカシ族という母系的社会で競争選好の男女差を明らかにする経済実験が行われた。その結果、母系社会のカシ族では、マサイ族やアメリカでの実験とは逆に、女性の方が男性よりも競争が好きであることが明らかにされている。この結果から、競争に対する選好の男女差は、遺伝的というよりも、文化や教育によって形成されるのではないか、と研究者たちは推測している。

この文化仮説と整合的な実験結果は、女子校と共学校の生徒を実験参加者にした研究でも得られている。イギリスの中学生に被験者になってもらって、競争選好を計測する実験を行った。その結果、女子校の生徒は、共学の女生徒よりも競争的報酬体系を選ぶ傾向があると報告されている。共学では性別役割分担の意識から女性が競争的な報酬体系を選ばなくなるが、女子校であれば性別役割分担の意識が少なくなり、競争的報酬体系を選ぶことに抵抗がなくなるのかもしれない。トルコの小学生を対象に行われた実験でも、成功するためには努力の役割が重要であること、忍耐強さを奨励するような価値観にさらされた子どもたちの間では、競争選好に対する男女差がなくなったことが示されている。

日本で行われた実験でも、女性は女性ばかりのグループであれば競争的報酬体系を選ぶ比率が高くなること、自信過剰の程度も高くなることが示されている。女性が男性よりも競争が好きではないという生まれつきの傾向はあるのかもしれないが、性別役割分担の意識の存在の方がやはり大きな影響を与えていると考えられる。

競争に対する態度や競争で実力を発揮できるかどうか、というのは、経済的な格差にもつながってくる。単に、男女間格差だけでなく、文化的な差が経済的パフォーマンスの差にも結び付く可能性がある。

3　多数派の行動を強調する

女性の取締役を増やすナッジ

働き方改革に取り組む会社では残業を減らそうと考えている。職場別に残業の統計を取ると、いくつかの職場で会社の残業時間の上限目標を超えている。通常は、残業目標を守っていない職場を列挙して、これらの職場は目標を守っていないからしっかりと改善するように、と管理職の会議で通達を出したりする。このように「このルールを守っていない人が何％もいます」という注意や警告をすることは多い。

しかし、これは行動経済学から考えると逆効果である。なぜなら、多くの人がルールを守っていないことが社会規範であるということを伝えてしまうからである。行動経済学的に正しいナッジは、残業の上限目標を守っている職場が多数派となっている指標を公表することである。

例えば、企業の女性取締役比率を高める際のナッジを紹介しよう。イギリス政府は、イギリス企業の取締役会の女性比率を高める際に、「FTSE100の構成企業の取締役に占める女性の割合は12.5%にすぎません」という大臣発言によって目標達成を企業に求めていた。これは、先述したように行動経済学的には望ましくない発言だ。「女性取締役が圧倒的な少数派であることを強調すれば、その状況が当たり前だというイメージが生まれる。その結果、人々がその状況を規範とみなして従うようになり、データにあらわれた現実が持続してしまう恐れがある」と研究者は指摘する。

そこで、研究者たちは、イギリス政府に行動経済学的なアドバイスをした。その効果があったのか、2013年の大臣の発言は「FTSE100構成企業の94%、FTSE350構成企業の3分の2以上に女性取締役がいます」というものに変更された。因果関係ははっきりしないが、2015年までにイギリスは目標を達成したという。

無断キャンセルを減らすナッジ

このような多数派の行動を強調してナッジとして用いる研究例は多い。例えば、イギリスの病院では、予約したのに診察に来ない、無断キャンセルの患者を減らすための実験が行われている。

まず、患者が電話予約してきた際に、受付係が患者に対し、予約日時と予約番号を自分で書き留めさせるようにした。これは、患者側から積極的にコミットメントをさせることで、予約時間を忘れたりしないようにさせる手法である。たとえば、受付係は「スミス先生とのあなたの約束は、火曜日の午前10時35分です。つぎの予約番号を書き留めてください。１２３４」というように患者に伝えるのだ。

行動経済学的には、効果が期待されるはずだった。しかし、この実験の結果、予約したのに受診しない患者が1.1％も増えてしまった。なぜ、予想外のことが生じたかを調べると、受付係が研究者の指示を守っていなかったことが判明した。そこで、研究者たちは受付係にカスタードクリームを渡した上で、再度、予約日時と予約番号の書き留めを患者に依頼をするように頼んだ。贈与交換を使ったのだ。その結果、受診しない患者は18％減少した。

さらに、もう一つの変更を行った。この病院では、予約したのに受診しない患者を減らすために「先月予約したのに受診しなかった患者数は＊＊人でした」という人数を掲示していた。この掲示は、予約を無断キャンセルしても社会規範に反しないどころか、それが多数派だと思わせてしまっていた。

そこで、掲示ポスターの内容を「先月予約どおりに受診した人は＊＊人です」というものに変更した。当然、予約どおりに受診した患者数の方が、受診しなかった患者数よりもはるかに多い。予約電話の際の予約日時と予約番号記入という積極的コミットメントと、受診患者数掲示という社会規範の効果により、予約したのに受診しなかった患者数は、それ以前よりも31.7%減少した。この両者をやめると、無断キャンセルは、最初よりも10.1%増加してしまったが、再度、積極的コミットメントと受診患者数掲示という社会規範介入を行うと、介入以前よりも29.6%無断キャンセルが減少した。

第6章　本当に働き方を変えるためのナッジ

1 仕事への意欲を高める

際限なく続く仕事

働き方改革が進められていくなかで、仕事の量は変わらないという方も多いのではないだろうか。生産性を上げなければ、仕事は溜まる一方だ。労働時間を短くしたことはいいが、仕事をこなしても、新しい仕事が増えて、残ったタスクは一向に減らないどころか、増えていくばかりだ。そんな状況に陥ると、人は労働意欲をなくしてしまう可能性が高い。そのような状況は、まさに苦行である。

「シーシュポスの岩」というギリシャ神話をご存知の方は多いだろう。シーシュポスは、神々を欺いた罰で、巨大な岩を山頂まで上げるように命じられた。この巨大な岩は、シーシュポスが必死で山頂近くまで押し上げてきて、あと少しのところまで近づくと、底まで転がり落ちてしまうのである。そのため、シーシュポスは際限のない苦行を続けることになる。日本にも

「賽の河原の石積み」という似た話がある。小さい子どもが親に先立って死んだ場合に、賽の河原で石積みをすると言われている。石で仏塔を積み上げていると毎晩、鬼がそれを崩してしまって、完成しないというものだ。永遠に仕事が完成しないものを続けていくことはつらい。

ところで、この際限のない仕事をすることのつらさはどこからくるのだろうか。仕事が完成しないということがつらいのだろうか。それとも、どれだけ仕事をしても、それがすぐに元の状態になり、仕事をしたことに意味がないと感じられることがつらいことなのだろうか。シーシュポスの岩の場合は、仕事が一回も完成しないで、岩が落とされ続ける。一方、賽の河原の石積みの場合は、毎晩完成した仏塔が鬼によって崩される。後者の場合は、仕事は完成しているのに崩されるという意味で、無駄な仕事をし続けていることになる。崩されることがわかっているのに仕事を続けることがつらいのだろうか。

「シーシュポスの岩」の実験

シーシュポスの岩あるいは賽の河原の石積みをすることで、私たちはどれだけ仕事の意欲を失くしてしまうのだろうか。このことを明らかにするためにアメリカの研究者たちは、興味深い実験を行った。彼らは、レゴブロックのバイオニクルというキャラクターを組み立てる作業をハーバード大学の学生たちにしてもらった。

一つのバイオニクルは40個の部品でできていて、組み立てるのに約10分かかる。彼らは、組み立てたバイオニクルの個数に応じて賃金をもらった。最初の1組を完成させると200円、次の1組は189円と、完成させる数が増えるごとに11円ずつ金額が減っていく。ただし、20組以上作ったら、それ以降は1組あたり2円で一定になる。もし、あなたが実験参加者ならバイオニクルをいくつ作るだろうか。10分で200円もらえるなら悪くない。でも、10分かけて2円ならもう作らないだろう。どこかで作ることをやめるに違いない。

実験に参加した学生たちは、2つのグループに分けられていた。一つのグループでは、完成したバイオニクルが学生の前に並べられた。もう一つのグループでは、学生が次のバイオニクルを組み立てている間に、隣に座った係員が完成したばかりのものをすぐに崩してしまうのだ。研究者たちは、最初のグループを「意味のある条件」、2つめのグループを「シーシュポス条件」と呼んだ。

この2つのグループでは、組み立てたバイオニクルの数が同じであれば、どちらも同額の賃金が支払われる。つまり、仕事の成果に応じた報酬は、どちらの条件でも全く同じである。賽の河原の石積みの例でいけば、際限なく新しい仏塔を作り続けるけれど、それが壊されない場合が意味のある条件である。一方、賽の河原のように作った途端に鬼に崩されてしまうのがシーシュポス条件である。シーシュポスの岩や賽の河原の石積みと違うのは、仕事に対する報酬そのものが、毎回存在することである。２つのグループで違うのは、即座に壊されるのか、作ったものがその場では壊されないのか、という点だけである。

実験結果はどうだっただろうか。意味のある条件では、学生たちは、平均10.6個のバイオニクルを組み立て、１４４０円を手にした。一方、シーシュポス条件では、学生たちは平均で7.2個しか組み立てず、１１５２円しか手にできなかった。つまり、バイオニクルを作ったことを実感できる状況なら努力をするが、すぐに壊されてしまって仕事をしたことが実感できない状況では、やる気が出ないということだ。

金銭的な報酬だけを目的に人が仕事をしているのであれば、どちらの条件でも、実験参加者は同じだけのバイオニクルを作ったはずだ。しかし、意味のある条件の方が、シーシュポス条件よりも、実験参加者は、平均で3.4個多くのバイオニクルを作り、２８８円より多く稼ぐことができた。つまり、意味のある仕事には、金銭的な価値以上の価値を見出すから人々は努力するのである。

意味のある仕事

同じ報酬なのに、作ったバイオニクルを目の前に並べるというだけでも仕事の意欲が増す。意味のある仕事ができたと認識できると意欲が増すということが、この研究の結果だ。このことは、私たちが仕事への意欲を高めるためのヒントを提供してくれる。

第一は、仕事そのものに意味があると実感できることである。これは、仕事から非金銭的な喜びを感じることができれば、仕事そのもののつらさが和らぐということだ。人のために役立つ社会的に意味のある仕事であると認識できれば、同じ仕事であっても、労働意欲が湧く。逆に言えば、社会的に意義がある仕事であれば、そうでない仕事よりも低い賃金で仕事をしてもいいと思うのだ。

極端な場合には、無報酬でも仕事をしたいと思うこともあるだろう。被災者の救援のためのボランティアをするというのはこのような場合だ。ボランティアでなくても、同じような仕事であっても、公的な仕事は民間企業の仕事よりも給料が低いことが多い。これは、社会の役に立っているという意識そのものが喜びになるので、給料が低くても労働意欲が出てくるからだと解釈できる。

第二は、仕事をしたことが実感できることである。完成したバイオニクルを目の前に並べてもらった実験参加者のやる気が高かったのは、完成したバイオニクルが壊されないということで意味のある仕事をしたと感じられることに加えて、どれだけの数のバイオニクルを作ったかという達成感をより感じられることも重要だろう。それによって意味のある仕事をしたと感じているのかもしれない。そうであれば、自分がした仕事が、どれだけなのかを一目でわかるようにしておくことは、自分が意味のある仕事をしたと認識しやすいことになる。

仕事を一つしても、新たな仕事が入ってきて、残っている仕事が減らない状況に直面したとしよう。残っている仕事だけが表示されているとすれば、どれだけ仕事をしても、仕事をしたことにならないように思ってしまう。これは、シーシュポス条件と同じ状態にある。これではやる気が出ない。

新たに入ってきた仕事はひとまず置いて、仕上げた仕事の数がはっきりとわかるようにしてはどうだろうか。そうすれば、やり遂げた仕事の価値を実感できる。毎日仕上げるべき課題をリストアップして、それを終えたことを目に見えるように消していけばいい。あるいは、今日した仕事をリストアップしてもいい。毎日、どれだけの仕事をしたかを記録していくことだ。毎日の仕事が全くの無駄ではなく、毎日きちんと成果を出していて意味のある仕事をしていることが実感できる。

私たちは、残っている仕事ばかりに目を向けがちだが、仕上げた仕事を目立つようにしていくことで、仕事への意欲も高まる。ちょっとした工夫で、忙しい毎日を乗り切っていきたいものだ。

2　目標と行動のギャップを埋める

達成できない目標

日本では4月が新しい年度の始まりである。会社や大学のキャンパスに新入社員や新入生が入ってくる。新入社員や大学生の中には1年間であっという間に成長していくものもいれば、せっかくの成長の機会を十分に生かせない人もいる。多くの人は、なんらかの目標をもって新年度を迎えているのに、それを達成できる人とできない人がいる。彼らを分けるものはなんだろうか。

目標を立てても達成できない原因には、どのようなものがあるだろうか。努力はしたけれど運が悪かったということもあるはずだ。しかし、一番多いのは、目標は立てたけれど、行動が伴わなかったということではないだろうか。体重を減らすという目標を立てても、運動するとか、食事に気をつけるという行動がなければ、目標は達成できない。なぜ、目標を立てたのに、それを実行する行動が伴わないのだろうか。どうすれば、目標と行動のギャップを埋めることができるだろうか。

計画した目標を実行できないことを、行動経済学では現在バイアスで説明することが多い。すでに説明したように、現在バイアスは、将来のことは我慢強い意思決定ができるのに、現在のことについてはせっかちな意思決定しかできないことをいう。もし、現在バイアスが、目標を達成できない理由ならば、先延ばしをすることが難しくなるような状況に自分を追い込むことが解決策だ。最初の計画を達成するように、計画を変更した場合に大きな罰則を科すのもいい。

計画した目標が達成できない理由の一つには、目標そのものを忘れてしまうというものもある。仕事の課題の締め切りに遅れる理由の一つは、多くの課題を抱えていて、一つ一つの仕事の締め切りを忘れてしまうことである。あるいは、課題そのものを忘れてしまうこともある。そのような場合、課題が提出されていないという催促があってはじめて、仕事に取り掛かるということもあるだろう。

このように目標や課題をしっかりと記憶できていないか、記憶が薄らいでくることが、課題を達成できないことの理由であるならば、それを忘れないような仕組みを整備しておけば、目標達成が可能になる。カレンダーに記入して、リマインドメールを送るように設定しておけばいい。

目標が達成できないもう一つの理由は、目標があっても、それを達成するために毎日何をすればいいのかがはっきりしないような計画になっているというものである。私たちは、目標をもっていても、それを達成するために何をするかということにまで落とし込まないと、毎日の行動として実行することができない。

実行計画を書き出す

こうした具体的な実行計画の重要性を、アメリカの研究者たちは、失業者の職探し行動から明らかにした。職探しをしている人たちに、目標を立てるだけではなくて、その目標達成のために、何をどうしていくかという行動計画を立てさせるのである。研究者たちは、南アフリカの1100人の若年失業者の職探し行動への介入実験を行って、具体的な行動計画の効果を検証した。

職探しのためには、いくつかの行動をしなくてはならない。まず、求人広告を見たり、知人に仕事の紹介を頼んだりする。次に、求人企業に応募するための書類を作成し送付する。そして、採用面接に出かける。これらの行動を積み重ねることが就職の確率を上げる。

研究者たちは、一部の失業者に1週間の職探し行動計画書の様式を埋めてもらった。計画書の様式には、月曜日から日曜日までの欄があり、その曜日ごとに何時にどんな行動をするかを書いてもらう。例えば、月曜日の午前中に新聞の求人欄を見るのであれば、何新聞の求人欄を見るかまで書く。火曜日の午後に履歴書を投函するのであれば、どの会社あてに投函するかを記入してもらう。その後、毎日の欄の数字を合計して、毎週何社の求人をチェックし、何社に応募書類を送り、何時間求職活動するかという目標を書いてもらう。その横に、その目標が達成できたかどうかをチェックする欄が設けられている。

これだけの作業をしてもらうだけで、そのような作業を課していない失業者に比べて応募書類の送付数は15％上昇、採用提示は30％増加、雇用は26％増加という大きな効果があった。一方、応募書類の送付数は増えたが、求職活動時間は変化していない。また、求職手段も友人・知人に相談するといったインフォーマルなものだけではなく、新聞やインターネットなど求人広告を利用するように手段を多様化させていた。つまり、具体的な計画を立てたグループの方が、効率的な職探しをしていたのだ。

職探し行動を怠る原因として、記憶の問題や現在バイアスの可能性もある。そこで、リマインドメールや職探しグループの結成による相互チェックを組み入れた場合も分析されている。しかし、具体的な行動計画を書かせることが就職確率を上げるうえで一番効果的だったとしている。

なぜ、計画を立てることがそれほど効果的なのだろう。それは、行動計画は、複雑な課題を特定の行動に分解することで、焦点を当てるべき目標とそれを達成するために必要なステップを私たちに現実的に理解させることが理由だ。目標を達成できないことのボトルネックは、具体的にどのように行動すべきかがあいまいであったということだ。

目標達成のために、毎日何をすればいいのかを明確にしておけば、私たちは、毎日の課題さえこなせば、自動的に目標を達成できる。つまり、目標を達成するためには、目標達成に必要な具体的行動は何か、それをいつやるか、ということまで計画に書き込むようにすればいい。まずは、具体的な行動予定までスケジュールに書き込むことが、目標達成の第一歩である。

量ではなく時間で

２０１９年5月から日本の元号は、平成から令和に変わった。元号が変わっても、時間そのものは連続的に流れているだけである。それにもかかわらず、私たちは元号の変更に大きな意味を見出そうとした。1日、1週間、1か月、1年というように暦には区切りがあるけれど、本来時間は連続的に流れていて、どの1秒も同じ意味しかない。私たちは、連続的に流れる時間に区切りをつけて毎日生活している。

もちろん、今日1日で世界が終わる場合と、今日以降も世界が続く場合では、私たちの意思決定は大きく異なる。世界が終わるという極端な状況でなくても、成績評価が1日単位でなされている場合と1か月単位でなされている場合だと行動は変わるだろう。例えば、大相撲は一場所15日間の勝敗で次の場所の昇進や降格が決まる。もし、大相撲が1年間の成績で翌年度の昇進・降格が決まるというものであれば、力士の戦略は全く異なったものになるはずだ。15日の間に勝ち越すことが大事なので、7勝7敗で千秋楽を迎えた力士の中には、星の貸し借りをしたくなる人も出てくるわけである。

今日1日だけで仕事の評価がなされるわけでもないのに、そう思って意思決定をすると非効率性が発生する。例えば、体調が悪い日であっても無理して仕事をするというのはその典型だ。体調が悪いのであれば、その日は休養をとって、もっと体調がいい日に全力を出す方が長期的にはよりよい成果が得られるはずだ。

同様に、毎日の目標仕事量を決めて、それを達成するまで働くというやり方も非効率だ。これだと、どんどん仕事が進む日は早めに仕事を終え、なかなか進まない日に遅くまで仕事をすることになる。逆に、仕事が進む日に長く働き、仕事が進まない日は早く帰る方が、総労働時間が同じならより多くの仕事ができることになる。不漁の日に長く漁に出て、大漁の日に早く帰ってくる漁師と、不漁の日にはすぐに帰ってきて、大漁の日に長く働く漁師とでは、後者の方が、短い労働時間でより多くの魚を獲ることができる。

今日1日で決着がつくのではないのだから、1日だけの成果を指標に努力をするのは賢明ではない。長い時間的視野をもって働くことを考えるべきだ。その意味では逆に、売れている芸能人や活躍しているスポーツ選手が、今が一番いい時だから、無理をしてでも今頑張る、というのは、合理的な選択のように思える。

合理的行動の落とし穴

成果はすぐに出ないものが多いので、成績評価は長期の視点でした方がいいというのは、そのとおりだ。教育の成果はすぐには出ないものが多いから、短期の指標で成果を測ると、本当に大事なことの教育がおろそかになり、成果の出やすいことばかりに集中してしまう。

では、長期の成果だけを目標にした場合には問題はないだろうか。大学の授業で、勉強の仕方は自由で、学生にとって最も効率的な手法で勉強すればいいので、期末試験だけで評価をするということを教員が提案したとする。

合理的な行動がとれる学生にとっては、それは望ましいことだ。学生は授業だけではなく、サークル活動、アルバイト、デートなど、いろいろな予定がある。自分でもっとも勉強ができる時に授業の勉強の計画を立てておけばいい。毎回、テストをして評価を受けるような授業だと、他の活動で忙しい時でも勉強時間を確保しなければならない。時間の使い方としては、期末試験だけで評価をする授業の方が効率的になるはずだ。

しかし、自分にとって効率的な時間配分で勉強をする計画を立てたとして、その計画が実行できるかどうかという問題がある。実際、多くの人は、将来の計画を立てることはできるけれど、その計画を実施する段階になると先延ばししてしまうことが多い。子どもの頃の夏休みの宿題を思い出してほしい。夏休みが始まる前は、夏休みの最初の頃に宿題を終わらせようという計画を立てた人は多いが、実際に宿題をしたのは夏休みの最後の方だという人が多数派になる。つまり、計画を立てることができても、それを先延ばししてしまうのであれば、最善の計画は実行されないということになる。

習慣化できるルールを作る

それなら、どんなことがあっても毎日一定の課題をこなすという非合理的なルールの方が、最善の計画を立ててそれを実行しないということよりもマシなルールになる。毎週テストをする授業は、学生の時間配分を最適にしないかもしれないが、結果的に勉強時間が減ってしまうよりは、マシな結果をもたらすのではないだろうか。

もう一つ、毎日の行動に制約をつけてルール化することのメリットがある。例えば、成果についての長期目標を立てたとする。3か月後に3キロ減量するという目標である。このような目標設定だけだと、減量を達成することは難しい。

まず、目標達成時期が3か月後という将来になっている。その時点で目標を達成できることは、とても嬉しいに違いないが、その嬉しさを現在時点で評価するとたいしたことはない。ということは、3か月後の目標を達成することは、現在の自分にとってはそれほど強いインセンティブにならない。その上、減量のための努力を明日から始めようとしても、明日になると先延ばししてしまう可能性がある。さらに、減量するという目標だけだと、その手段は運動から食事まで様々なものがあるため、何をするかを考えるだけでも面倒になる。しかも、それぞれの努力の効果が毎日は観測できない。

減量という長期の目標を決めて、自分にとって最適なタイミングで運動や食事などの工夫をしていくのがベストであるが、上記の理由で達成できない可能性が高い。その場合は、長期目標を達成するために有効な、毎日の簡単なルールを設定することが効果的だ。例えば、毎日７０００歩以上歩くというルールであれば、それを達成すれば達成感を感じられる。毎日の課題は、将来のことではないので先延ばししにくい。何をするかを毎日考える必要もない。習慣化できるようにルールを作っていくことが、一見非合理的であっても長期目標を達成しやすいのである。

次善の策がベストの策

あえて時間的視野を短くすることの利益は他にもある。私たちは損を確定することを恐れるため、リスクを取りすぎてしまうことがある。例えば、競馬をしていて負けている場合に、最終レースで大穴を狙いにいく。営業の仕事をしている人が、今月の営業成績が悪くなりそうなので、一発逆転の大きな契約を取りに行って失敗してしまう。株をもっている人が、保有株が下がってきたときに、売却して損失を確定するよりも、また戻す可能性にかける。このような特性は、損失を確定する期間が長ければ長いほど発生しやすくなる。

実際、証券ディーラーの場合、半日単位で成績を確定する会社と1日単位で確定する会社では、証券ディーラーの行動が異なるそうだ。1日単位の成績確定の会社では、午前中に損失を抱えたディーラーは、午後によりリスクの高い投資をする傾向がある。実際、実験によって、損失が確定していない場合に、損失回避からリスクのある行動をとりがちであることを示した研究がある。

長期の目標を達成するためには、その目標を達成するために、その時点その時点で最適な行動をとるのがベストである。しかし、それがベストであることはわかっていても、ベストな計画が実行できないのであれば、次善の計画を立てることが必要である。

長期の目標を達成できるような毎日のシンプルな行動ルールを決めて、毎日その行動を達成したことを喜びにするという工夫が、非合理的なように見えるけれど、次善の策なのかもしれない。

第7章　医療・健康活動への応用

1　デフォルトの利用

ナッジで変える健康活動

健康活動は、行動経済学的なバイアスが発生しやすい分野である。まず、現在の行動の結果が生じて自分にフィードバックされるまでに時間がかかる。このような時間的遅れを伴う現象は、現在バイアスの影響を受けやすい。健康的な行動をとった結果、健康度が向上するのはしばらく経ってからである。今日、多めの食事をしたからといって、すぐに肥満になるわけではない。また、健康活動の結果には不確実性が伴う。健康的な生活を続けていたとしても病気になる可能性がある。健康診断を受けていたとしても、病気を見つけられないこともある。健康・医療に関する情報は、専門的なものが多く、わかりにくい。

このような特性をもっている健康・医療分野においては、ナッジによって人々の行動をよりよいものに変える余地も大きいので、多くのナッジの介入研究が行われている。

大腸がん検診の受診率向上ナッジ

がん検診には、その有効性が疑問視されているものもあるが、大腸がん検診については、有効だとしている研究が多い。しかし、それでも検診の受診率は高くない。大腸がん検診受診率を引き上げるために損失回避を利用したナッジの実験が、八王子市で行われた。八王子市では、前年度の大腸がん検診受診者への便検査キットの自動送付を２０１６年から行っている。

ところが、せっかくキットを送付しても実際に受診した人は約7割だった。そこで、5月に検査キットを送付しても10月時点で未受診の人を対象に、受診勧奨のダイレクトメールを送ることにした。未受診者約４０００名をランダムに2つのグループに分けて、同じ内容だが、メッセージの表現が異なるダイレクトメールを送ったのだ。

一方のグループには、「今年度、大腸がん検診を受診された方には、来年度、『大腸がん検査キット』をご自宅へお送りします」という利得メッセージが記されている。もう一方のグループには、「今年度、大腸がん検診を受診されないと、来年度、ご自宅へ『大腸がん検査キット』をお送りすることができません」と損失メッセージが記されている。

論理的には、2つのメッセージは同じ内容である。したがって、情報の中身に反応するのであれば、ダイレクトメールを受け取った人で実際に大腸がん検診を受けた人の割合は、両グループで同じはずである。しかし、利得メッセージを受け取ったグループで、実際に受診した割合は22.7％であり、損失メッセージを受け取ったグループでは29.9％であった。つまり、損失メッセージの方が、受診率は高かったのだ。

このような違いがなぜ生じたのだろうか。利得メッセージは、検査キットが送られてこないという状況を暗黙の参照点にしている。一方、損失メッセージは、検査キットが送られてくるという状況を参照点にしているため、その水準を維持したいという気持ちが強く働くのである。

ワクチン接種率の向上ナッジ

インフルエンザ・ワクチン接種の機会を提供している会社もあるだろう。あなたは担当者として社員に接種を促進したいと考えたとする。社員に案内状をメールで送ることにした。どのような内容なら接種率が上がるだろうか。

これを確かめるための実験をアメリカの研究者たちが行った。ある会社の社員３２７２人を３つのグループにランダムに割り当てて、グループごとにワクチン接種の提供日の案内状の内容を変更して送った。第一のグループの案内状には、ワクチン接種の場所と日時を掲載した。

第二のグループには、提供日時の情報に加えて、案内状を受け取った人が接種の日にちを書き込むスペースをわかりやすく設けた。第三のグループには、接種の日にちに加えて時間まで書き込む場所を設けた。このような書き込み欄を設けただけで、その案内状を回収しているわけではない。案内状のデザインが少し変わるだけで、第一のグループに比べて、第三のグループでは4%、インフルエンザ・ワクチンの接種率が高くなっていた。このように、自分で予定を書き込むことが、コミットメント手段として有効になるようだ。

オプト・イン

ワクチン接種率を引き上げるには、デフォルトの利用も有効かもしれない。通常、インフルエンザ・ワクチンの接種勧誘は、接種可能な日時を知らせ、接種希望者が予約をするか、希望する日時に接種しに行く。いわゆる「オプト・イン」である。すなわち、接種しないことがデフォルトで接種することがオプション（選択権）になっている。

一方、接種日時をあらかじめ仮決定した上で対象者に通知し、都合が悪ければ予定変更の連絡をするように依頼する通知の効果をランダム化比較試験で検証した研究がある。つまり、接種することがデフォルトで接種しないことがオプションになっている「オプト・アウト」の手法である。仮決定された接種日に接種することがデフォルトになっているが、他の日に接種する、あるいは接種しないという選択の自由も確保されている。

結果は、デフォルトで接種日が決められていた場合の方が、従来の通知方法に比べて接種率が約10％上昇した。ただし、デフォルトで接種日が決められていた場合には、71％の人が、予約変更の通知をしないで、通知された接種日に来なかった。このようなことは、オプト・インの場合には生じていない。オプト・インでは、接種希望者が自ら予約して、接種に来るため、接種に対する強い希望をもっている人だけに予約者が限られていることと、コミットメントがより強いことが理由だろう。

終末期医療の選択

デフォルトは、人々の選択をよりよいものに変更する上で効果的なナッジである。しかし、人々がもともと真剣に意思決定するような場面では、デフォルトに影響を受けない可能性もある。終末期医療の選択にデフォルトがどのような影響を与えるかをランダム化試行実験で分析した研究がある。

研究者たちは、医者が患者に対し、延命治療か緩和治療かを選択しなければならない終末期医療の状況になった際に、どちらの治療を希望するかという事前指示書のフォーマットに3種類のものを用意した。それをランダムに振り分けられた患者に提示して、終末期医療の選択が事前指示書のフォーマットに影響されるかどうかを検証した。

第一番目のグループには、「延命治療」と「緩和治療」の選択肢にチェックボックスがあり、どちらかにチェックを入れて希望を示す。第二のグループは、同じ選択肢が用意されているが、「延命治療」のチェックボックスに、あらかじめチェックマークが入っている。もし、患者が「緩和治療」を選びたいなら、「延命治療」のチェックマークを消去する線を入れて、「緩和治療」のチェックボックスにチェックを入れる。これは「延命治療」がデフォルトになっているのだ。第三のグループでは、「緩和治療」のチェックボックスにあらかじめチェックマークが入っている。「緩和治療」を選びたい患者は、そのままにしておけばよくて、「延命治療」を選びたい患者は、そちらにチェックし直す。

さて、結果はどうなっただろう。どちらにもチェックがされていなかった第一のグループでは、61％の人が「緩和治療」を選んでいた。一方、「緩和治療」がデフォルトの場合は、77％の患者がそのまま緩和治療を選んでいた。逆に、「延命治療」がデフォルトの場合は、43％しか緩和治療を選んでいなかった。34％もの患者はデフォルトに影響されて、終末期医療の選択を決めていたのだ。研究者たちは、患者たちが選択をした後、研究の意図を明らかにして、もう一度、意思決定を変更する機会を提供している。しかし、意思決定をした患者たちのほとんどは、選択を変更しなかったという。

2　メッセージの影響を考慮する

利得フレームと損失フレーム

医療者の伝えるメッセージによって患者の意思決定がどのように変わるだろうか。1年以内にがん治療を受けた経験をもつ患者1360人に対してインターネット調査を行った研究がある。手術の後、化学療法を受けるかどうかを選択するという仮想シナリオで、表現の違いが患者の意思決定にどのような影響を与えるかを分析した。

先ほど紹介した大腸がん検診向上のナッジにもあったように、利得メッセージを受けるか、損失メッセージを受けるかによって結果に差が生じることが知られている。では、こうしたメッセージの違いによって、治療を受けるかどうかの選択にどのような違いが生じるだろうか。

メッセージを受ける回答者には、まずこのように伝える。

あなたは検診を受けた際に、精密検査を勧められ、病院を受診しました。先ほど検査の結果が伝えられ、初めてがんと診断されました。現在、あなたに自覚症状はありません。医師からは「治療Aを受けると、吐き気やだるさ、脱毛などの副作用が生じます。医学的に最も推奨される治療はAです。治療をしなければ病気が治る可能性はありません」と伝えられています。

こうした説明の後に、利得メッセージの場合は、「ただし、治療Aで治る確率は90％です」と伝え、損失メッセージの場合は、「ただし、治療Aで治らない確率は10％です」と伝える。利得メッセージの場合は、91.7％の人が治療Aを受けると回答した。一方、損失メッセージの場合は、治療Aを受けると回答した人は、79.3％であった。

治療Aの成功確率の数字を変えて伝えても、同様の結果が得られた。例えば、「治療Aで治る確率は10％です」と言った場合に、治療Aを受けると答えた人は45.7％であったが、「治療Aで治らない確率は90％です」と説明した場合には、33.5％の人しか治療Aを受けると回答しなかった。

このようにメッセージの表現に影響を受ける人は無視できないほど多い。様々な治療成功確率について質問したところ、利得メッセージと損失メッセージで回答を変えなかった人は6割ほどいた。逆に言えば、4割の人はメッセージに影響を受けていたといえる。ただし、すでに化学療法の経験がある人は、メッセージに影響されていなかった。やはり経験がなく、わかりにくいことについては、メッセージの表現で意思決定が左右されてしまうのである。

治療法の説明

では、あまり医学的には推奨できない治療について説明する場合はどうなるだろうか。今度は、回答者を6つのグループにランダムに分けた。

まず、第1グループでは、医師が「残念ですが、がんに対する治療をこれ以上行うことはできません。もしどうしてもということであれば治療Cもありますが、医学的に十分な効果は示されておらず、副作用が生じます」と説明をした後に、治療Cを受けるかどうか質問した。これが基本メッセージである。

第2グループでは、「治療Cという方法もありますが、医学的に十分な効果は示されておらず、副作用が生じます」と説明した後、「以上の話をまとめると、残念ですが、私としては、これ以上の治療を行わないことがあなたにとって最善の選択だと考えます」と医師が直接、積極的治療を推奨しないことを述べた。

第3グループでは、第2のグループと前半の説明は同じで、後半の説明として「あなたと同じような状況では、多くの患者さんが、これ以上の治療をしないことを選ばれています」と述べた。これは、多数派を強調した社会規範メッセージになっている。

第4グループでは、後半の説明として「治療をしないことで、副作用がなくなるだけでなく、退院してご自宅で過ごしたり、外出したりすることができるようになります」と述べた。これは、本人への利得を強調したメッセージになっている。

第5グループでは、同じく後半部分が「治療をしないことで、副作用がなくなるだけでなく、退院してご自宅で過ごしたり、外出したりすることができるようになります。そうすることで、あなただけでなく、ご家族にとってもよい時間を過ごすことができると考えられます」と述べた。これは、本人と家族の利得を強調したメッセージになっている。

そして、第6グループでは、後半部分が「なお、治療を受ける場合、社会保険料(国への負担)が1000万円かかります」と述べた。これは、社会的コストを強調した損失メッセージになっている。

第1グループへの基本メッセージでは、推奨されていない治療Cを選択すると答えた人は、21.6%だった。治療Cを選択すると答えた人が最も少なかったのは第6グループ、すなわち「治療を受ける場合、社会保険料(国への負担)が1000万円かかります」という社会への費用負担を強調した損失メッセージを受けたグループだった。この場合、治療Cを選択すると回答した人は、15.3%であった。基本メッセージを受けた人たちよりも6.3%少なく、統計的にも意味のある差となった。

一方、「治療をしないことで、副作用がなくなるだけでなく、退院してご自宅で過ごしたり、外出したりすることができるようになります」という本人への利得メッセージを受けた第4グループでは、16.4%の人が推奨されない治療Cを選んだ。それ以外のメッセージを受けたグループでは、治療Cを選択すると答えた人の割合は、基本メッセージを受けた第1グループとあまり変わらなかった。

では、社会的費用を強調するメッセージには問題はないのだろうか。この研究では、メッセージに対する印象についても答えてもらっている。「国への負担が1000万円ある」というメッセージを受け取った人は、「見捨てられたように感じた」「改善の必要がある」と答えた人が、利得メッセージを受け取った人に比べて多かった。同様に、基本メッセージと非推奨メッセージを受け取った人たちも、「見捨てられたように感じた」「つらいと感じた」という意見が多かった。ナッジとして効果が大きいという点だけではなく、メッセージを受け取った人の気持ちを尊重することも、ナッジを実際に用いる場合には重要だろう。

本人だけではなく家族にとっての利得も加えたメッセージは、効果が大きいと予想されたが、結果は基本メッセージと同じであった。本人への利得だけだと効果があったことを考えると、メッセージが複雑になったため、効果が薄らいだのだろうと推測できる。メッセージには多くの情報を入れないで、シンプルなものにすることが効果的である。

3　成果の不確実性を考慮する

ダイエットのナッジ

健康に気をつけた行動をとることが難しいのは、今の健康行動がすぐに結果となって現れないという特性が原因の一つだ。太り過ぎで体重を減らしたいと思って運動を始めたとしても、体重減少となって成果が出てくるのは数週間先である。

体重を減らすという成果そのものを目標として、健康行動を医者が勧めたとする。将来のことをあまり考えない人であれば、そんな遠い将来の利得のために、今の楽しみを我慢して運動や食事療法をすることは魅力的ではない。したがって、減量はできない。現在バイアスの強い人なら、医者が勧めるように健康行動をとろうとはするだろう。しかし、今日からすぐに実行しようとはしない。「明日から明日から」と先延ばしをするため、結局減量はできない。

もうひとつの問題は、健康行動の成果に不確実性があることだ。毎日、食事制限と運動を続けたとして、目標体重まで下がるとは限らない。つまり、減量に成功しない原因は、今日の健康行動の成果が今日確実に得られないことにある。減量という将来の目標だけではなく、今日行ったことに対する直接の報酬が得られるようにすることが解決になる。例えば、3か月後に体重を5キロ減らすという目標だけではなく、毎日体重計に乗って体重を測るとか毎日7000歩以上歩くという目標を設定し、それを達成することを報酬にすれば、健康行動と報酬が即時に得られるので、先延ばしの問題が発生しない。

では、体重計測や7000歩以上歩くことを継続させるためのナッジはあるだろうか。もし、誰かが金銭的報酬をくれるというなら毎日体重計に乗ったり、歩いたりする人もいるだろう。金銭的報酬でなくても、スマホゲームでポイントがもらえるならどうだろうか。スマホゲームの中には、歩いた距離に応じてポイントがもらえるものもある。体重計と連動させるゲームがあれば、毎日体重を計測する習慣がつくかもしれない。

損失回避を使ったインセンティブも考えられる。最初に一定額の金額やポイントをもらって、体重を計測しないか、７０００歩を歩かなかった場合に、一定額の金額やポイントが差し引かれていくのである。

コミットメント手段を提供することもできる。目標を決めて、一定の金額を預けておいて、その目標が達成できない場合に、預けておいた金額が没収されるというものだ。最初に、自分が一番嫌いな団体に寄付するという契約を結んでおくのも効果的である。サッカーや野球のファンであれば、自分が応援しているチームのライバルチームに、自分が預けておいた金額を寄付するというものだ。アメリカには、実際、そのようなサイトが存在する。

もっと簡単な「きっちきちーダイエット」というコミットメント手段も提案されている。右利きの人は、右手の親指の爪に「キ」という字を書いておくというものだ。こうすることで、食事の際にかならず「キ」という字を目にし、自分はダイエットをしていることを思い出すので効果があるという。（要は、ダイエットをしていることを思い出せればよいので、「キ」でなくても、「ダ」とかでもよい。）

社会規範やピア効果を使うこともできる。スマホのアプリで、減量を目指すグループに入って、毎日の目標達成の比較データを送付すればよい。

贈与交換を使うこともできる。スポーツジムで顧客の減量の目標達成ができなければ、担当トレーナーの評価が下がるというトレーナー側のコミットメントを設定することを考える。このようなインセンティブをつければ、トレーナーは顧客に対し、ジムにきちんと来るようにこまめにメールで連絡を取り、食生活のアドバイスをするようになる。顧客は、トレーナーからのサービスを贈与と感じると、それに応えようとジムに行き、食生活を気にするようになる。このような贈与交換を使うことで、減量の目標達成は行いやすくなると考えられる。

デフォルトを利用することも考えられる。つまり、食事や運動をルール化してしまうのである。食事の際に、「ご飯はお茶碗1杯まで」「野菜から食べる」「夜9時以降は食べない」というルールを設定したり、通勤に歩くことを組み込んだルートを採用するのである。

実際、減量についてのナッジの研究はいくつか行われており、少額であっても金銭的報酬の効果はあること、損失フレームの方が効果は大きいこと、コミットメント型も効果があることが示されている。歩くことでポイントが増えるスマホゲームであるポケモンGOをしている人たちの1日あたりの歩数が増えたという実証研究もある。

表7-1にダイエットのためのナッジをまとめておく。ただし、このようなナッジをやめた

後でも、習慣として健康行動が維持されるかどうかについてはよくわかっていない。また、このようなナッジに慣れが生じてしまって、長期的に効果が減少する可能性もある。

表 7-1　減量のナッジ

対策	具体例	ナッジ
減量という将来の目標だけではなく、今日の行動を目標に	目標を即座に報酬が得られるものにする ・毎日体重計に乗って計測する ・毎日7000歩以上歩く	目標達成の報酬→金銭的報酬、スマホゲームのポイントなど非金銭的報酬 損失回避を用いる→最初に一定額の金額やポイントをもらっておいて、体重計測をしないか、7000歩を歩かなかった場合に一定額の金額やポイントが差し引かれる
コミットメント手段を利用	目標を決めて、目標が達成できない場合の罰則を決めておく 減量中であることを意識しやすくする	一定額を預けておき、預けた金額が没収される きっちきちーダイエット→利き手の親指の爪に「キ」と書く
贈与交換を利用	減量仲間での情報交換や励まし 医療者やトレーナーが、対象者に特別にケアをサービスしていると思わせる	お互いに励まし合う トレーナーからの個別メールやアドバイス
デフォルトを利用	運動や食事をルール化する	通勤に歩くルートを採用 夜9時以降は食べない　・ご飯はお茶碗1杯まで
社会規範を利用	周囲の人の運動量を参照点にする	減量仲間の平均的運動量を知らせる

ジェネリック薬品への切り替え

最近は政府も行動経済学を取り入れた政策を行い始めている。例えば、デフォルトを利用したナッジをジェネリック薬品(後発医薬品)の使用促進に使っている。

医療費を削減するために、厚生労働省は、ジェネリック薬品の使用を促進しており、「経済財政運営と改革の基本方針2015」で数量シェアを2020年度までに80%以上にするという数値目標を立てている。2018年9月の段階で、ジェネリック薬品の数量シェアは72.6%である。2005年には32.5%であったが、様々な取り組みの結果、ここまで上昇してきた。保険薬局でジェネリック薬品を調剤する際の点数加算という金銭的インセンティブも使われてきたが、注目されるのは、デフォルトの変更というナッジの活用である。

2008年以前は、ジェネリック薬品への変更が可能と医師が判断した場合、処方箋に署名してジェネリック薬品を患者が使用できた。しかし、2008年の改正で、「後発品への代替」を認めない場合に「後発薬への変更不可」欄に医師が署名する様式に変更された。つまり、2008年以前は、デフォルトが先発医薬品であったものが、2008年以降はジェネリック薬品に変更されたのだ。さらに、2012年には、処方された薬ごとにジェネリック薬品への変更の可否を明示するように変更された。その際も、チェックマークがない場合は、ジェネリック薬品を使ってよいというもので、デフォルトはジェネリック薬品のままである。

日本全国でのジェネリック薬品の使用割合はかなり高まってきたが、地域差は大きい。２０１７年では全国平均は69.8％であったが、沖縄は80.4％、鹿児島は77.3％、岩手は75.9％と高いのに対し、徳島は61.3％、山梨は63.6％、高知は64.4％と低い。政府は、ジェネリック薬品の使用率が低い都道府県を公表して、改善を促している。こうした地域差を公表して、各都道府県に努力をさせるというのも、社会規範を使ったナッジの一つである。

さて、ジェネリック薬品の使用率が最下位だった徳島県は、ナッジを使って使用率の向上を図った。県立病院３つとモデル薬局で、薬品の一般名で処方されることでジェネリック薬品を選べることを説明するリーフレットを患者に配布し、ジェネリック薬品への変更を患者に促す政策を実験的に行い、その効果を検証した。

その結果、モデル薬局でのジェネリック薬品の使用率は、１年で約10％上昇した。特に、病院と薬局の両方でリーフレットを受け取った患者の効果がその半分を占めるという。しかも、この政策が終了した後も、ジェネリック薬品の使用率は低下しなかった。つまり、情報提供というナッジに、永続的な効果があったのだ。人々がジェネリック薬品についての情報をリーフレットで新たに知ったか、リーフレットによって後押しされたために行動変容を引き起こしたと考えられる。

一方、福井県では、糖尿病患者と小児慢性疾患患者のうち先発医薬品を受けている患者に、ジェネリック薬品に変更するといくら薬代が節約できるかということと、ジェネリック薬品への変更を勧めるメッセージを送付する実験を行った。その結果、糖尿病患者の25.6%、小児慢性疾患患者の15.6%がジェネリック薬品に切り替えたという。これも、わかりやすい情報提供をすることで人々の行動が変わる例である。

4 臓器提供のナッジ

イギリスでの実験

日本において2018年9月現在で、臓器移植を希望して登録している人は、1万3603人である。一方、年間で移植を受ける人は増えてはいるが、2017年で380人である。脳死での臓器提供は、もともと日本では少なかった。特に、臓器提供の意思表示をしている人の比率が低いことが問題であった。

2010年に臓器移植法が改正され、本人の意思表示がなかった場合に家族の承諾で脳死状態での臓器提供が可能になった。この年以降、臓器提供数が増えたが、そのほとんどは、本人の意思表示がなく、家族の承諾によるものである。改正臓器移植法施行後の移植の77.4％は家族承諾による移植であった。本人の意思表示が少ないことが、臓器移植を増やす上での課題となっている。

臓器提供の意思表示については、デフォルト設定に大きく影響されることを既に説明した（第2章）。しかし、日本のように脳死で臓器提供をしたいと希望している人が約40％の国で、デフォルトを臓器提供の意思ありというオプト・アウトに変更することは倫理的にも大きな問題がある。意思表示をしている人を増やすようなナッジは考えられるだろうか。

イギリスの行動洞察チームは、ウェブでの運転免許の書き換えの際に、臓器提供のドナー登録を勧誘するためのナッジについてランダム化比較試験を行った。運転免許の書き換えは、交通事故を防ぐために、事故や安全運転についての情報提供をするので、臓器提供の意思表示を勧誘するタイミングとしては優れている。この試験では、108万5322人を8つのグループにランダムに分けて、運転免許の書き換えが終わった段階で、8つの異なるナッジのもとで、臓器提供のドナー登録をするように呼びかけた。

第1のナッジは、「臓器提供のドナー登録をお願いします」という、コントロールとしてのメッセージを表示した。第2のナッジは、そのメッセージに加えて「毎日このページを見た数千人が登録しています」という社会規範を強調したメッセージである。第3のナッジは、このメッセージに人々の集合写真を加え、第4のナッジは、臓器提供のドナー登録をしているイギリスの国立血液サービスのハート形のロゴマークを加えた。これは、視覚的なきっかけがメッセージを目立たせるという効果をねらったものだ。

第5のナッジは、「臓器提供が十分にないので毎日3人の人が亡くなっています」という損失メッセージ。第6のナッジは、「あなたが臓器提供することで9人までの命を救えます」という利得メッセージである。第7のナッジは、「臓器移植が必要になったとき、あなたは臓器を提供してもらいますか。もしそうなら人を助けよう」という互恵性に訴えるメッセージである。第8のナッジは、「あなたが臓器提供を支持するなら、それを行動に変えましょう」というものである。これは、意図していることと行動に差があることに気づかせることによって、行動変容をもたらすという、運動や喫煙行動についての研究の知見をもとにしている。

結果はどうだっただろうか。第1のナッジのコントロールと比べて、最も臓器提供のドナー登録数が多くなったのは、第7のナッジの互恵性メッセージだった。その次が、第5のナッジの損失メッセージであり、その他のメッセージも、人々の写真を加えた第3のナッジ以外は効果があった。集合写真の効果がなかった理由として、資料写真を使うことでマーケティングの戦略だと思われてしまったのではないか、と研究者たちは考えている。いかにも効果がありそうだと想定できる手法でも、実際に検証してみる必要があることの例になっている。

日本での実験

イギリスでは、互恵性メッセージと損失メッセージが、臓器提供のドナー登録を増やすのに効果的だった。ナッジの有効性は文化によって異なる可能性がある。日本でもイギリスと同じナッジが有効だろうか。筆者らのグループは、日本のある運転免許の更新会場でアンケート付きのリーフレットを配布して、メッセージの効果検証を行った。

免許センター内で運転免許更新の講習時間までに配布し、講習開始までの待ち時間にリーフレットに付属しているアンケートに回答してもらい、センターからの退館時に調査員が回収した。配布数は7615枚で、有効回収数は3729、有効回答数が3375であった。

メッセージは6種類である。メッセージ1は、「既にたくさんの人が臓器提供の意思表示をしています」という社会規範をピア効果によって想起させるものである。メッセージ2は、「あなたの意思表示で6名の人の命を救うことができるかもしれません」という利得メッセージになっている。メッセージ3は、「ドナーが十分にいないために、毎週5人の命が失われています」という損失メッセージである。メッセージ4は、「あなたも人から臓器提供を受けることが必要になるかもしれません」という互恵性に訴えかけるものである。メッセージ5は、メッセージ1にメッセージ4を追加したものである。メッセージ6は、臓器移植に関する説明文になっている。

また、同じ6種類のメッセージの効果を見るために、運転免許の更新時期が近い日本全国の人を対象にウェブでアンケート調査を行った。免許センターでのアンケートでは、提供か非提供かについての意思表示をするか否かのみを聞いている。ウェブアンケートでは、提供意思の有無の記入に加えて、提供という意思表示をするかどうかまで質問した。

結果はどうだっただろうか。ウェブアンケートでも、免許センターのアンケートでも、互恵性メッセージは、意思表示を増やすことに貢献した。一方、損失メッセージには地域性が認められた。さらに、臓器提供の意思表示をするかどうかという質問については、社会規範によるピア効果メッセージも効果が認められた。日本国内でも有効なナッジに地域性があること、イギリスと同様に互恵性メッセージや社会規範メッセージが有効であるが、ピア効果と互恵性の両方を含んだメッセージには効果がなかった。やはり、メッセージが複雑であると、ナッジとしての有効性が小さくなる可能性がある。

第8章　公共政策への応用

1　消費税の問題

重く見える消費税負担

「定率の所得税率が10％のとき、所得が１００万円の人の所得税支払い額はいくらでしょうか？」

この質問には多くの人が即答できるだろう。答えは10万円である（$100 \times \left(\frac{10}{100}\right)$）。それでは、つぎの質問はどうだろう。

「消費税が10％のとき、消費支出総額が１００万円の人の消費税支払い額はいくらでしょうか？」

最初の質問と同様に、$100 \times \left(\frac{10}{100}\right) = 10$万円と一瞬でも思った人が多いのではないだろうか。正しくは、9.1万円（$100 \times \left(\frac{10}{100+10}\right) \fallingdotseq 9.1$）である。少し考えれば、所得税は外税で、消費税は内税なのだから、同じ税率であっても支払い税額が異なることはわかる。しかし、税の負担の議論をする際には、つい同じ比率のものは負担額も同じだと思いやすい。

では、つぎの質問を考えてほしい。

「定率所得税率20％で得られる税収を、所得税を廃止して消費税で得るには消費税率をいくらにすればいいでしょうか？」

これに答えるには、いくつかの前提が必要になる。単純化のために人々は所得額をすべて使い切って貯蓄しないという前提を考えよう。奇妙に思えるかもしれないが、日本のGDP統計で２００５年度以降の家計貯蓄率は、ほぼゼロだ。２０１７年度は2.5％だったが、２０１３年度には−0.6％になっていた。日本の家計貯蓄率が高かったのは２０００年以前のことだ。貯蓄ストックがゼロというわけではなく、家計全体でみると勤労世代の貯蓄増加は引退世代の取り崩しとほぼ同じということである。また、税控除がない定率所得税を前提とするのも違和感があるかもしれないが、社会保険料は定率である。

これらの前提のもとであれば、20％の所得税率と等しい税収を上げる消費税率は25％である。１００万円の所得なら税率20％で税額は20万円になり、可処分所得は80万円である。所得税がない場合は、１００万円の可処分所得なので20万円の税収を得るには25％の消費税にすればよい。計算してみれば、$100\times\left(\frac{25}{100+25}\right)=20$万円となって、所得税20％と同じ税負担になる。

同じ税負担なのに所得税で課税されると20％で済み、消費税で課税されると25％にもなる。頭ではわかっていても、ずいぶん消費税の方が重い負担に見えてしまう。

同じ税負担でも消費行動が変わる

消費税の引き上げには多くの国民が反対するが、社会保険料は毎年のように引き上げられてきたのには、こうした私たちの認識の特性も理由の一つではないだろうか。

実際、伝統的経済学では、定率勤労所得税と定率消費税は同じものであると考えられてきた。私たちは、自分で稼いだ所得を生涯で使い切るという予算制約のもとで暮らしているので、定率の税制であれば、所得に課税されようと消費に課税されようと同じことだからだ。しかし、実際には、大きく異なるものとして認識されている上、税負担が同じでも心理的に異なるように感じてしまう。もし、消費税と定率勤労所得税が同じという伝統的経済学の考え方が成り立つのであれば、どちらの税制が望ましいかという問題は、どちらの行政コストが大きいかという問題と同じになる。

理論的には同値である消費税と定率勤労所得税であっても、実際には詳しく説明されないとわからない人が多い。そうだとすれば、現実の人々の行動は、両者で実際に異なってくる可能性がある。実労働実験を用いて消費税と勤労所得税の等価性が成立するかを検証した研究がある。実験内容はつぎのとおりである。

①実験参加者は与えられた時間（３分）を用いて計算課題をする。作業は途中で中断可能であり、作業を中断した時間はジュースのクーポンと交換される。

②計算課題の正答数に応じて、食品のクーポンを選択する。経済学のモデルに対応させるとジュースという報酬は「余暇」、食品という報酬は「消費」をそれぞれ表している。

研究者たちはこの設定のもとで、理論的には同等と考えられる所得税または消費税を課して、両者の間で実験参加者の行動に差が出るかどうかを検証した。結果は、所得税を課したほうが、作業時間が統計的に有意に短くなり、消費が少なくなったのだ。

この理由としては、税金が課されるタイミングが影響しているのではないかと研究者たちは考えている。消費税が課されている場合よりも、所得税が課されている場合のほうが、計算課題という作業をして得られる手取り金額が少なくなるので、作業意欲が減退したのではないかというのだ。消費税の場合は、税込み価格が上昇して消費額が少なくなることに気がつくのはクーポンを利用して消費する段階になってからという可能性を示唆している。この研究では、人々は所得税の方が消費税よりも労働意欲を削がれてしまうということだ。

本質的には同じ税であっても行動が変化するという結果は実験室内での実験だけでなく、実際のスーパーマーケットで値札の表示を変えた実験においても観察される。研究者たちは、アメリカのスーパーマーケットで税抜価格の値札に一部の商品だけ税込価格を加えて表示する介入実験を行った。その結果、税込価格を付け加えた商品の売り上げは平均8％減少した。表示の違いが購買行動を変化させたのである。税込価格はどちらも同じであり、消費者は売上税率がいくらかもよく知っているのに、購買行動が変わってしまったのだ。日本では総額表示（内税）が義務付けられているが、消費税転嫁対策特別措置法で２０１３年10月1日から２０２１年3月31日まで税抜価格表示が許されている。このような特例も消費者の行動に影響を与えているかもしれない。

本質的には同じ消費税と所得税で行動が変わったり、税負担が同じなのに消費行動が変わったりするのは、私たちが消費税を無視して行動していることが理由と考えられる。所得税を課した場合、実労働によって得られる手取り賃金が低くなるため、所得税の税負担を認識し実労働を減らす。一方、消費税を課した場合、消費税の税負担を考慮せずに実労働を供給する。つまり、「消費税無視バイアス」によって消費税と所得税の等価性が成立しないのである。

誤計算バイアス

税の誤認を生み出す要因は、税の存在を無視することによるバイアスだけではない。税の存在を考慮しても、税の計算方法を間違えれば、税の誤認と同じことが生じる。現実の税制は複雑なので、どのような行動をとれば税負担を減らすことができるのかをきちんと計算している人はそれほど多くないかもしれない。実際、単純な累進所得税制のもとでは実験参加者は最適な行動をとれるが、複雑な累進所得税制のもとでは最適な行動をとれないことを明らかにした研究もある。所得税の「誤計算バイアス」によって、税の誤認が生み出されたと考えることができる。

本節の冒頭の計算問題を、実際に実験で確かめた研究がある。まず、実験参加者に単純な作業をしてもらう。ある消費税率と定率勤労所得税が示された時に、実験参加者はどちらの税制で報酬を受け取るかという選択をしてもらうのだ。実験参加者に提示されたのは、つぎの４つの税率の組み合わせである。第一に、税負担が同等な所得税（20％）と消費税（25％）、第二および第三に、20％の所得税と比べて税負担は低いが見た目の税率が高い消費税（24％、22％）、第四に所得税（20％）と比べて税負担は低いが、見た目の税率が同じ消費税（20％）というものである。伝統的経済学における所得税と消費税の等価性が成り立っていたならば、消費税率が25％

未満であれば、全員が消費税を選択するはずである。

しかし、実験参加者の多くは、所得税と消費税の選択で名目上の税率の大小を判断基準にしていることが示された。つまり、消費税率が所得税率よりも高ければ、所得税を好んだのである。消費税は課税ベースが税引き後の消費額であるのに対し、所得税は課税ベースが税引き前の所得額であるため、両者の等価性をもたらす税率は、消費税の方が所得税よりも高くなる。多くの参加者は、課税ベースの違いを無視して、名目的な税率の大小で税負担を認識していたのである。

軽減税率はなぜ好まれるのか

2019年10月から消費税が10％に引き上げられるタイミングで、食料品に軽減税率が導入される。多くの経済学者は、軽減税率の導入に反対している。2014年6月11日の税制調査会でも、委員のうちほとんどが軽減税率の導入に強い反対意見を表明していた。

経済学者が批判する理由は主に2つある。第一に、軽減税率は低所得者対策として有効ではないからである。第二に、軽減税率は人々の消費行動に影響を与えるという意味で非効率性をもたらすからである。

「軽減税率は低所得者対策として有効でない」とは、信じられない人が多いだろう。実際、軽減税率の賛否を聞いた世論調査によれば、約７割程度の人が軽減税率の導入に賛成している（産經新聞・ＦＮＮ世論調査（２０１３年12月）、ＪＮＮ世論調査（２０１４年４月）、毎日新聞調査（２０１３年11月）等）。２０１９年時点でも多くの世論調査で、軽減税率の導入賛成の方が反対派よりも多い。

軽減税率の導入に賛成する人の意見は、つぎのようなものだ。生活必需品の消費税を軽減することは、低所得者の税負担を減らすのだから、低所得者の負担軽減政策になるに決まっているではないか。支出に占める食料品費支出の割合（エンゲル係数）は、高所得者ほど低くなるという「エンゲルの法則」はよく知られた事実ではないか。

こうした指摘はすべて正しいが、重要な事実を一つ見落としている。生活必需品は、高所得者も購入するということだ。確かに、支出に占める食料品費の「比率」は、高所得者の方が低所得者よりも小さい。しかし、食料品費の「金額」は高所得者の方が大きいのである。ということは、軽減税率の恩恵をより大きく受けるのは、高所得者なのである。

実際、財務省の試算によれば、最も所得が低い階層が軽減税率で負担が減るのは年間８４７０円であるのに対し、所得が高い階層では１万９７５０円と、低所得層の２倍以上も高所得層での恩恵が大きい。消費税増税の低所得者に対する負担増加を小さくするために、軽減税率を導入した結果、高所得者の負担軽減は低所得者以上に大きくなるのである。

軽減税率は補助金と同じ

軽減税率によって、消費税の税収はその分減る。一定の税収を消費税で得るためには、軽減税率のために消費税率を引き上げる必要があるのだ。軽減税率は、消費税を一律で取ると同時に軽減税率対象品目の購入金額に比例して、購入者に対して補助金を支払っているのと同じである。そうすると、購入金額が高い高所得者ほど、より多くの補助金を受け取っていることが理解できるのではないだろうか。その上、軽減税率といえば、低所得者に優しい政策だと思う人が多いかもしれないが、生活必需品に対する生産者への補助金という性格をもっているのだ。

2009年3月4日に、日本に住所がある個人や在留する外国人に一律1万2000円の定額を補助金として給付するという「定額給付金」政策が施行された。しかし、この政策は、バラマキ政策として批判された。たしかに、所得水準に関係なく給付される補助金はバラマキと言えるかもしれない。もし、定額給付金がバラマキ政策であるならば、軽減税率は定額給付金よりも質の悪いバラマキ政策である。高所得者の方がより多くの補助金を受け取る補助金政策に賛成する人はいるだろうか。

軽減税率の行動経済学

軽減税率に賛成する人が多いのはなぜだろうか。第一の理由は、比率と金額を誤解してしまうことだ。低所得者の方が支出比率の高い費目で税率が軽減されると、低所得者の方がより多く税金を軽減されると誤解してしまうのだ。

第二の理由は、行動経済学で知られているアンカリングの効果だ。人々は絶対的な水準で損得を判断するよりも参照点からの差で損得を判断することが多い。消費税が10％であれば、それがアンカーとなって、その消費税率よりも税率が低ければ得をしたと考える。軽減税率が導入されるとその分税収が減る。それをカバーするために消費税率が引き上げられて11％になったとしても、軽減税率の存在が低所得者に優しいと感じられるのではないだろうか。定価が安く値引きがない場合と、定価が高く値引きがある場合で、どちらも値引き後の価格が同じ場合、値引きがある方が得したように感じてしまう。私たちは、定価という値段にアンカリングされてそこからの差で損得を感じてしまうからだ。

第三の理由は、中所得者以上の人たちが、実際は軽減税率によって自分たちが得をすることを知っているが、それが低所得者対策であるという名目を立てることで、政策への正当化をしやすいということではないだろうか。

第四の理由は、生活必需品の生産者が、自分たちの製品の需要を増やすために、軽減税率が低所得者対策であると主張することで、消費者の意識を歪めている可能性である。

軽減税率によって価格体系に歪みがでることで、生活必需品の消費量を増やしてしまうことを生産者が狙っているのである。価格水準や所得水準にかかわらず、一定量消費するものが真の生活必需品ではあるが、ほとんどの生活必需品は、価格が高くなるか、所得が減少すると少し消費量を減らす。軽減税率の存在によって、軽減税率対象外の品目の消費を減らし、軽減税率対象品目の消費を増やすようになることが発生する。軽減税率が存在し、消費税の水準そのものが高くなることで、この歪みは大きくなる。消費行動を歪められる消費者にとって、それは望ましいことではないだろう。それに、第三と第四の理由は、中所得者以上の人々と生活必需品の生産者が共謀する可能性を示唆している。

2 保険料負担の問題

一般の人の理解

税金や社会保険料を本当に負担しているのは誰だろうか。一般的には、あるいは法的には、税を支払っている人と税を実際に負担している人は同じだと考えられている。社会保険料の事業主負担と労働者負担のことを考えよう。事業主負担分の社会保険料は事業主が払っていて、実際にも事業主が負担していると多くの人は考えている。雇用保険の事業主負担についての使い方を議論する際に、「集められた保険料は事業主に還元されるような使い方をすべきである」という議論がなされることも多い。

「社会保険料の雇用者負担分を減らして事業主負担分を引き上げよ」という主張を労働組合が行うこともある。社会保険料の事業主負担分が、労働者の負担になっていないという考え方をしているのは労働組合だけではない。厚生労働省も、事業主負担分は労働者には負担されないという考え方をとっている。

例えば、厚生労働省は、「第4回社会保障の教育推進に関する検討会(平成24年3月23日)」で「社会保障の正確な理解についての1つのケーススタディ〜社会保障制度の〝世代間格差〟に関する論点〜」という資料でこう説明している。この資料では、「厚生労働省の厚生年金における拠出と給付の関係では、〝事業主負担〟を入れていない」と記して、公的年金の事業主負担を労働者の負担だと厚生労働省は考えていないと述べている。

この理由として、厚生労働省はつぎの2点を挙げている。第一は、労働者は事業主負担を自分の負担だと認識していないというものである。具体的には、「事業主から見ると、〝事業主負担〟は、従業員に対して負担している額として計上すべきと主張するかもしれないが、従業員からするとその分を負担しているという認識は薄い」と表現されている。

この理屈が成り立つのなら、負担している本人に負担の認識が薄ければ、本当は負担していたとしても負担していることにならない、ということになる。損害賠償請求なら、損害を受けているという認識が損害を受けた人にないと、損害はなかったということになるのかもしれない。しかし、国の政策として、一種の錯覚によって負担感が少ない人に実質的に負担させるというのは、問題である。負担が少ないと思っていたのに、実質的に負担していたことに労働者が後になって気がついたなら、別の政策を支持すべきだったと後悔するかもしれない。

厚生労働省の第二の説明は、事業主の負担は、100%は労働者に転嫁されないのではないか、というものである。その根拠として、「事業主は、社会保険料負担の軽減策として、非正規雇用を増やすような行動をとったり、パート労働の社会保険適用で、現在、適用除外の者が多い企業団体等が強い抵抗を示すのは何故だろうか。さらに、賃金には硬直性があるために、社会保険料の賃金への転嫁には、相当の時間を要するという実証研究はいくつもある」という点を挙げている。

最後の社会保険料の賃金への転嫁に時間がかかるという話は、すぐには転嫁されないということを言っているだけで、転嫁されないという議論をサポートしていない。最初の二つは、社会保険料の事業主負担分の一部は転嫁されない可能性を示唆しているかもしれないが、労働者に全く転嫁されないということを示すものではない。また、社会保険料負担の転嫁とは異なる理由で、事業主がそのような行動をとっている可能性も否定できない。

伝統的経済学での理解

厚生労働省だけではなく、一般の人も形式的にお金を負担している人と、実際にお金を負担している人は同じであると思っていることが多い。しかし、伝統的経済学では、実際に税を支払う人と税を負担している人は別だと考えるのが標準的だ。

実際に税を支払う人、例えば事業主負担の社会保険料を支払わなくてはいけない事業主は、価格や賃金を調整することで取引相手や労働者にその税の一部または全部を転嫁することができると伝統的経済学では考えている。事業主負担の社会保険料がかけられた事業主は、その社会保険料の負担分だけ賃金を引き下げるはずだ。もし、競争的な労働市場に直面していたとすれば、労働者に支払っていた事業主負担の社会保険料を含んだ税込みの賃金額は、追加的に労働者を雇ったときの生産額の価値の増加つまり生産性に等しくなっている。事業主負担の社会保険料が増えたとしても、労働者の生産性が高まるわけではない。生産性が変わっていないのだから、事業主は税込みの賃金額を引き上げることができない。結局、事業主は、事業主負担の社会保険料分だけ賃金を引き下げるしか対応の方法がないのだ。

賃金額が上がっても下がっても、労働者が同じ時間だけ働いてくれるという状況だと、話は簡単だ。社会保険料の事業主負担が引き上げられた事業主は、労働者の生産性が変わらないので、賃金をその分引き下げざるを得ない。賃金が引き下げられても、労働者が誰も、仕事を辞めなければ、元の従業員数で、社会保険料の事業主負担の上昇分だけ、賃金が低下するということになる。事業主負担は100%、労働者に転嫁され、社会保険料を直接支払っているのは事業主であっても、それを実質的に負担しているのは賃金低下に直面した労働者である。

ところが、賃金が引き下げられた労働者が、仕事を辞めたり労働時間を短くしたりすれば、話は変わってくる。事業主負担増加分だけ手取り賃金が引き下げられた労働者の中には、働くことを止めてしまうものが出てくるとしよう。この場合、企業にとってみれば、今までと同じ数だけの労働力を確保したいと思えば、賃金を減らすことができない。しかし、雇っている労働者の数が変わらない限り、労働者の生産性は変わらない。事業主負担の社会保険料が上がった分、賃金を下げることができないのであれば、少数精鋭にして労働者の生産性を高めるしかない。雇用量の減少が生じるのだ。この場合は、事業主負担の社会保険料は賃金にはあまり転嫁されなかったかもしれないが、雇用量の減少という意味で、労働者全体の所得は減少している。

要するに、伝統的経済学では、競争的な労働市場に直面している限り、事業主負担の社会保険料は、賃金低下か雇用減少かどちらかの形で労働者も負担していると考えられるのである。もっとも、労働市場が競争的でなければ、もともと賃金と限界生産性が一致していないので、事業主負担の社会保険料が引き上げられたからといって、そのまま賃金が低下するとは限らない。

現実はどちらか

事業主負担と労働者負担は同じものかという問題について、最近の実証研究は伝統的経済学の想定と現実が異なっていることを示している。例えば、個人所得税率の変化も事業主負担の社会保険料の変化も手取り賃金には同じ影響を与えるので、伝統的経済学ではどちらも同じように労働供給を変化させるはずだ。

しかし、このことを実証的に分析した研究によれば、個人所得税率が変化したとき、労働者が労働供給行動を変えたため課税前労働所得金額が変化したのに対し、事業主負担の賃金税が変化しても課税前労働所得金額は変化せず、労働供給は変わらなかった。同様に、事業主負担の賃金税の変化が、高所得者の労働供給を変化させなかったことを見出した研究もある。

実験室内の実験で労働者の労働供給が税金のかけ方でどのように異なるかというタイプの研究がいくつか行われている。それらの研究の多くは、労働者の手取り所得が同じである場合でも、税金のかけられ方で労働供給が異なることを確認している。

例えば、税引き前賃金が高い方が、同じ手取り賃金で税金が少ない場合よりも労働供給が多くなることを明らかにした研究がある。この研究では、実験参加者らは手紙を折って封筒に入れる仕事を課されて、封筒に折って入れた数に応じて賃金が支払われた。ただし、賃金の支払い方に税制が異なる3種類の形態があるが、税引き後の手取り賃金はすべて同じになっていた。合理的な労働者であれば、どの賃金支払いの場合でも労働供給や努力水準は同じになるはずである。しかし、課税前の名目賃金が高いときの方が、それが低いときよりも労働時間も手紙の枚数も多かったのだ。つまり、実験参加者たちは税込み賃金と税引き後賃金を混同していた。やはり実質的には同じ税制、社会保険料であっても、事業主負担か労働者負担かによって、人々の行動は変わってくる。伝統的経済学では、それを無視して制度の設計をしていたが、現実の人々の行動を前提にして制度を考えていく必要は高そうだ。

3　保険制度の問題

公的年金・公的健康保険の必要性

日本では公的年金や公的健康保険へ加入することが義務になっている。なぜ、こうした社会保障は強制加入になっているのだろうか。

公的年金は老後の生活費を賄うために、勤労期に年金保険料を徴収するものである。公的健康保険も病気や怪我をしたときの医療費を賄うために毎年一定額を保険料として徴収するものである。老後のための貯金をしたい人は自分で貯金するだろうし、老後生活は貧乏でも構わないと思っている人は貯金をしないだろう。

医療保険も同じである。病気が心配なら自分で私的医療保険に入るだろうし、健康だと思っている人なら医療保険に入らないだろう。強制保険にしないで、必要な人は民間の保険会社の保険商品を購入すればいいはずだ。年金保険や医療保険への加入を政府から強制されることに反対する人もいるのではないだろうか。政府はなぜそんな「おせっかい」をするのだろうか。

この問いに対する伝統的経済学の答えは、「年金や医療保険は、民間市場では情報の非対称性によって逆淘汰が発生するために、十分に保険商品が供給されない」というものである。

民間の保険会社による私的年金だけしか存在しなかった場合を考えよう。保険会社は、加入者の平均寿命をもとに保険料収入と保険金支払額がバランスするように保険料率と保険給付額を決める。つまり、平均寿命より長生きする人は、この年金保険商品を購入することで得をして、それより短命の人は損をする。保険会社は、個々の人が長寿になりそうなのか短命になりそうなのかが正確にはわからない。

一方、加入しようと思っている個人は、自分の健康度がある程度わかる。そうすると、平均よりも長寿になりそうだと思っている人しか年金保険に加入しなくなる。保険に加入する人は長寿の人ばかりになるので、保険料を引き上げないと保険会社は赤字になる。赤字を防ぐために、年金保険料を引き上げると、さらに長寿の人しか加入しない。ということが繰り返されて、年金保険料が高くなりすぎ、私的年金が民間では供給されなくなる。したがって、年金については政府が強制加入のものを作る必要がある、というのが伝統的経済学の説明だ。

しかし、行動経済学の考え方なら、消費者に限定合理性が存在することも、社会保障制度の存在理由となる。つまり、現在バイアスの存在や、計画を立てることはできても、それを実行できないという意思力の不足で、老後貯蓄を過小にしてしまうことが、強制加入の公的年金の存在理由だと言える。しかも、将来の所得予想と金利や税金の知識をもとに老後に必要な貯蓄額を正しく計算するための計算能力を持ち合わせている人が少ないと行動経済学では考えられている。

医療保険が市場で十分に供給されないのは、情報の非対称性によって不健康な人しか医療保険を買わなくなることが理由だと伝統的経済学では考えられてきた。しかし、行動経済学では、健康リスクに対する考え方にバイアスがあったり、計算能力に限界が存在することで不健康な人が過小にしか民間医療保険に加入しない可能性を考える。例えば、自分の健康に対して楽天的な人が健康保険に加入しない可能性もあるし、自制力のない人が健康保険に入るのを先延ばししている可能性もある。さらに、損失回避の強い人は保険料を払うことそのものを嫌う。こうした行動をとる可能性は、健康リスクの高い人の方が大きいと考えられる。つまり、行動経済学では、健康リスクの高い人の健康保険需要が過小になっていると考えられている。

モラルハザード

医療保険にしても失業保険にしても、医療費の過剰給付や失業期間の長期化というモラルハザードが伝統的経済学では問題にされている。モラルハザードとは、保険に加入することによって、加入者の行動が変わり、リスクの発生確率が変わってしまうことを言う。医療保険に入ることで病院での治療が不要な場合でも病院に行くようになる。失業保険に加入することで、簡単に仕事をやめたり、職探しを真面目にしなくなったりするということである。

しかし、医療においては、患者が本来飲むべき薬品を飲まないとか、通院すべき人が通院しないというような過少医療という問題も存在している。医療保険で窓口負担料が上がった際に、医療需要が大きく下がったという事実があった時の解釈としても、つぎの2つの可能性が考えられる。第一に、窓口負担が少なかった時に、過剰診療というモラルハザードがあったという判断である。第二に、窓口負担が上昇した結果、通院すべき人が通院しなくなったために過少診療が発生したという可能性もある。現在バイアスが強い人は、健康という長期的な利益よりも現在の医療費負担を過度に嫌うという可能性が存在する。

どちらの理由で、問題が発生しているのかを調べないと、正しい政策的対応が全く逆になってしまうのである。

法案提出と損失回避

提示のされ方のちょっとした違いで、私たちの判断が大きく変わってしまう現象は、日常の意思決定だけでなく、政治的な意思決定でも見られる。話がやや逸れるが、法案提出を例に考えてみよう。

法律の提案の仕方次第で、採択されるか否かが変わってくる可能性があることを実験で示した研究がある。研究者たちは、様々な政策において、利得と損失をもたらすことを前提に政策をパッケージにすることを提案している。例えば、火力発電所の建設には、停電の減少という利得と公害の発生による健康被害という損失がある。仮に、K町に火力発電所を建設すると、1000時間の停電の減少が見込まれる代わりに、健康被害を受ける人が10人増加するとしよう。これをA法案とする。一方、M町にある火力発電所を廃止すると、停電時間が800時間増加し、健康被害を受ける人が12人減少するとして、これをB法案とする。

研究者たちは、実験参加者たちに、A法案、B法案それぞれについて、賛成するか否かを投票させた。その結果、A法案への賛成は41％、B法案への賛成は23％であり、それぞれの法案は否決された。

次に、A法案とB法案を結合したC法案を作った。つまり、K町に火力発電所を建設し、M町の火力発電所を廃止するというものだ。この場合の政策効果は、200時間の停電減少と2人の健康被害減少になる。このC法案についての賛否を投票させたところ、66％の人が賛成し、C法案は可決された。

A法案単独だと、健康被害が10人増えるという損失が目立ち、B法案単独だと、停電時間が800時間増えるという損失が目立つ。そのため、損失回避の特性をもつ有権者は、どちらの法案にも反対票を投じる。しかし、同じ法案でも統合してC法案とすれば、停電減少と健康被害の減少となり、有権者の目には損失が目立たなくなる。そのために、賛成票を投じる人が増えるのだ。

同様に、新しい道路や橋などのインフラを作る公共事業をすることで3万人の雇用が生まれるが、1兆円の増税が必要だというP法案に賛成する人は59％、公務員削減により2万5000人の雇用が削減されるが、1兆2000億円の減税になるというQ法案に賛成する人は28％で、P法案はぎりぎり採択で、Q法案は否決された。やはり、それぞれ損失が目立つからだ。

しかし、この2つの法案を結合したインフラを作る公共事業と公務員削減という組合わせのR

法案だと、83%の人が賛成票を投じた。結合法案Rなら、5000人の雇用増と2000億円の減税という効果なので、利得しか見えない。政策提案も損失を見えにくくすることで、賛成を得やすくできる。

このような政策の提示の仕方は、全体としてはプラスになる政策であっても、個別の側面にはマイナスの点があるような場合には検討する価値があるだろう。逆に言えば、政策に反対する戦術としては、政策の中に隠れているマイナスの点を損失として強調することである。

減税政策でも、その名称で消費に与える影響が異なってくることを実験によって示した研究がある。減税によって税金を還付する際、「還付」とか「戻し税」と呼ぶか、「ボーナス」と呼ぶかで、そのお金の使われ方が異なるというのだ。

研究者たちは、ハーバード大学の学生の実験参加者たちに、50ドルの小切手を渡した。一つのグループには、「研究室の資金に余剰が出たので授業料の払い戻しとしてあなたはこの50ドルを受け取っています」と説明された。もう一つのグループは、「授業料の払い戻し」の代わりに、「ボーナス所得」と説明を受けた。その後、このお金の使われ方を記録してもらったところ、「授業料の払い戻し」と説明されたグループは、50ドルのうち43ドルを貯蓄していた。一方、「ボーナス所得」と説明されたグループは、50ドルのうち31ドルを使っていて、19ドルしか貯蓄していなかったのだ。

ボーナスという利得を強調する表現だと消費を増やし、還付や払い戻しであれば既に発生した利得の後払いとして考えられるため、所得が増えたと認識されにくい、と研究者たちは指摘している。

少数派として意識させる

ナッジとして公共政策に効果があるとして知られているものに、多数派の行動を社会規範として示し、それから乖離している人を少数派として意識させるメッセージがある。

税金の確定申告はしたけれど、期限内に納税していないという人がイギリスで問題になっていた。そこで、イギリスの徴税組織である歳入税関庁とイギリスの内閣府の Behavioural Insights Team（行動洞察チーム）は共同で、確定申告をしたが未納税の10万人に、納税を督促する手紙のメッセージ文として何が有効かを調べる実験を行った。

具体的なメッセージはつぎの5つである。
①10人のうち9人は税金を期限内に支払っています。
②イギリスにおいて10人のうち9人は税金を期限内に支払っています。

③イギリスにおいて10人のうち９人は税金を期限内に支払っています。あなたは今のところまだ納税していないという非常に少数派の人になります。
④税金を支払うことは、私たち全員が、国民健康保険、道路や学校などの必須の社会的サービスからの便益を受けることを意味します。
⑤税金を支払わないことは、私たち全員が、国民健康保険、道路や学校などの必須の社会的サービスを失うことを意味します。

研究者たちは、納税の督促状に上記のメッセージがない場合に比べて、５つのうち１つの文章が手紙に追加されていたとき、人々の納税行動がどの程度変わるかを調べた。

あなたなら、どのメッセージがあったときに税金を支払わねばと思うだろうか。一番効果が大きかったのは、③の少数派であることを強調したメッセージである。このメッセージがない場合と比べて、23日間で5.1％納税率が高まったのである。その次が、②の「イギリスにおいて」ということを強調したメッセージで、2.1％の上昇である。つづいて、④と⑤の社会的サービスを強調したものが1.6％の増加、①が1.3％の増加であった。数％の違いのように見えるが、文章のちょっとした違いだけで、納税額では莫大な額の違いになってくるのだ。

研究者たちはさらに、約12万人のイギリス人に対して同様の実験を行った。その際には、

「他の人はどうしている」という表現か、「他の人はどうすべきだと思っている」という表現のどちらが有効かということも検証した。その結果、「他の人はどうしている」というタイプの表現の方が有効であること、本人がごく少数のグループに入っていることを示すことが有効であると明らかにされている。

4 O型の人はなぜ献血をするのか

血液型性格判断

血液型性格判断を信じている人は結構いるようだ。日本人の血液型の分布は、A型が約40%、O型が約30%、B型が約20%、AB型が約10%と適度にばらついているのも血液型性格判断や血液型占いを信じる人が多い理由の背景にあるだろう。ネットの情報によれば、各血液型の特徴は、つぎのとおりだ。A型は真面目で誠実で気配りができる反面、神経質で頑固だそうだ。O型は、行動力があり、大らかな反面、大雑把で自信家だという。B型は独創的で社交的な反面、好き嫌いが激しく衝動的ということになっている。そして、AB型は感受性が強く、クールな反面、面倒を嫌い打算的だという。

多くの人がなんとなく信じている血液型性格判断だが、学術的にはほとんどの研究が否定している。例えば、大阪大学が行った大規模な日米比較調査を用いた研究によれば、68項目の性格や行動特性のうち65項目で統計的に有意な差がみられなかった。しかも、統計的に有意な差があったものでも、血液型によって説明できる割合は最大で0.3％と非常に小さい。職業と血液型の関係もないこと、幸福感や利他性と血液型の関係もないことも分析されている。

献血行動と血液型

血液型と私たちの行動特性の間には、なんの関係もないのだろうか。筆者も参加した研究では、大阪大学が行っているアンケート調査を用いて献血行動と血液型の関係を調べている。2017年の調査では、過去1年以内と過去数年以内の献血行動について質問をしている。アンケート回答者1311人のうち、過去1年以内に献血した人は約5.5％であり、数年以内に献血した人は約11.7％である。血液型別にみると、献血割合は次のようになる。過去1年以内に献血した人は、A型4.1％、B型4.3％、O型7.5％、AB型7.1％であり、O型の割合が一番高く、統計分析をすれば、血液型によって献血割合は異なる可能性が高いという結果が得られる。数年以内に献血したことがあるという人の比率では、A型9.6％、B型9.4％、O型15.1％、AB型14.3

%と同様の結果が得られる。この場合も、献血率が血液型間で変わらないという帰無仮説は3.2%の水準で棄却される。

O型が献血しやすいという特性は、血液型によって回答者の属性が偏っていたのではないか、という疑問をもたれる方もいるだろう。筆者たちは、年齢、性別、収入、学歴、健康状態、性格特性などを統計的にコントロールした分析も行ったが、それでもO型の人は他の血液型の人よりも献血する傾向が高いことが示された。

献血は、純粋に利他的な行動である。献血をする人は、献血以外にも利他性が高く、利他的行動をしている可能性が高いのではないだろうか。O型の人は利他的なのだろうか。このアンケートでは、骨髄バンクへの登録、脳死の場合の臓器提供に同意するサイン、金銭的な寄付額といった利他的行動についての客観的指標と利他性、一般的信頼、互恵性、協調性などの性格特性についての主観的指標についても質問をしている。実は、それらの利他的行動や主観的指標については、血液型間による統計的な差は存在しない。ということは、O型の人が献血をするというのは、O型の人が他の血液型の人よりも利他性が高いという理由ではないと考えられる。

血液型の特性に着目する

では、なぜＯ型の人は献血するのだろうか。筆者たちは、献血の特性に注目した。血液型によって輸血ができる範囲が異なるという事実である。Ｏ型の血液型は、Ｏ型以外の血液型に輸血できるから、Ｏ型の人は利他性の程度が同じであっても、より多く社会貢献したいと考えるのではないだろうか。もし、そうなら、「Ｏ型の血液型は、Ｏ型以外の血液型に輸血できる」という知識をもった人にしか、血液型による献血比率の差は観察されないはずだ。逆に、この知識がない人の間には、血液型による献血率の差が観察されないと考えられる。

回答者の74％は、「Ｏ型の血液型は、Ｏ型以外の血液型に輸血できる」という知識をもっている。この輸血可能性の知識をもっている人だけで分析すると、Ｏ型が献血する割合は回答者全体で分析したときよりも少し高まり、統計的にも差が見られる。一方、「Ｏ型の血液型は、Ｏ型以外の血液型に輸血できる」と思っていない人たちだけで分析すると、血液型間では献血率の差が見られなくなり、Ｏ型の人の献血率は他の血液型の人と変わらなくなる。

Ｏ型の人が他の血液型の人よりも献血する理由として、Ｏ型の血液型が他の血液型よりも恒常的に不足しているとか、他の血液型の人よりも健康であるという可能性もある。しかし、各都道府県別に各血液型の在庫率や季節変動や健康状態をコントロールしても、Ｏ型の人が献血する割合が高いという結果は変わらない。

医療現場では、血液型がわからない緊急事態や特定の血液型の血液が不足しているという状況ではない限り、O型の血液型が他の血液型の輸血に使われることはないそうだ。しかし、O型の血液型が他の血液型よりも広範囲に輸血に使うことができるということを知っているから、O型の人が献血をしているというのは興味深い。

私たちが社会に貢献したいという気持ちをもっていた場合、自分の社会貢献の効果がより大きければ、より多くの社会貢献をするという可能性があるということだ。医師、弁護士、芸能人などで、非常に所得が高い人が、ボランティアで医療行為、法律相談、チャリティー活動をすることがある。彼らは、その活動をしていなければ、より高い所得が得られたという意味で、ボランティアの機会費用が高い人たちである。そうした人たちは、利他性の程度が他の人と同じであれば、ボランティア活動をする比率が低くなるはずだ。しかし、医師、弁護士、芸能人たちは、彼らがボランティア活動をすることの社会的影響力が他の人たちよりも高いということを認識しているからこそ、積極的にボランティア活動をしているのではないだろうか。

寄付やボランティア活動を活発にするには、その活動が社会に役立っていることを人々に認識させることが効果的だと、O型の人の献血行動から言えそうだ。

おわりに

本書は、コンパクトな新書という形態で、行動経済学の考え方とナッジについて解説し、その応用例を仕事、健康、公共政策の分野に分けて紹介したものだ。行動を改善したいと思った時に、どのように考えてナッジを設計すればよいのか、という疑問に答えようと考えた。私は2018年に『医療現場の行動経済学』(東洋経済新報社)を平井啓さんと共編著として出版した。この本は、医療者の方々と医療の現場で発生している事例を行動経済学的に解釈し、その改善策を考えたものだ。医者の多くは、どうして患者が合理的な意思決定ができないのかを疑問に思っており、患者の多くは医者の説明がわかりにくく意思決定しにくいと感じている。そうした疑問に対して、行動経済学はわかりやすい説明をしてくれる。行動経済学を知った医療者は、「患者の考え方がやっとわかった」という人が多かった。

計算能力が高くて情報を正しく用いて合理的意思決定ができる合理的経済人という人間観は、伝統的経済学のモデル上の設定である。そんな極端な人は現実にはほとんどいないが、そういう人間像を設定してもある程度世の中をうまく説明できる。しかし、個別の人間の行動を予測する上で有効な設定とは言えそうもない。ところが、医療の現場においては、正確な情報を患者に与えれば、患者は正しい意思決定ができると考えられてきた。まさに合理的経済人の仮定と同じだ。同じことが、防災の分野でも行われてきた。災害の知識や避難場所についての教育をすれば、防災行動をきちんと取ってくれると考えられてきたのだ。急な病気や突然の災害時には、冷静な判断を求められても難しい。教育をして、正しい判断ができるようにすることは大事だが、わかっていてもできないのが人間だ。そうした人間の特性を考えた上で、世の中の仕組みを考えた方が私たちの満足度は上がるのではないだろうか。

本書を読んで、多くの人たちが、日々の生活や仕事の仕方を少しずつ工夫するヒントにしていただけたらありがたい。

本書は、私が大阪大学経済学部で講義してきた内容をもとにしている。授業を受けてくれた学生たちには感謝したい。授業でティーチング・アシスタントをしてくれた佐々木周作さん、黒川博文さん、船崎義文さんには、授業内容に多くのコメントをしていただいた。本書には、彼らとの共同研究の成果も反映されている。研究室秘書を長年してくださった村島吉世子さんは、丁寧に草稿を読んでくださり、修正点を提案くださった。環境省日本版ナッジ・ユニットの設立担当者の池本忠弘さん、三菱UFJリサーチ&コンサルティングの小林庸平さん、財務省から横浜市に出向している津田広和さん、立命館大学の森知晴さんは、草稿に多くの改善提案をしてくださった。私の学部のゼミ生たちは本書の原稿にコメントをくれて、よりわかりやすいものにしてくれた。岩波新書の編集長、永沼浩一さんは、本書の執筆を勧めてくださり、粘り強く執筆を待っていただき、素晴らしい編集をしてくださった。研究室秘書の中井美恵さんは、原稿のチェックを丁寧にしてくださった。皆様に感謝したい。

最後に、本書の内容をいつも聞いてくれた家族にお礼を述べたい。

2019年6月

大竹文雄

岩波新書／最新刊から

1873 時代を撃つノンフィクション100　佐高信著

戦後の日本社会に深い影響を与えた古典的名著から二〇一〇年代の作品まで。時代を撃ち続ける一〇〇冊を選び抜いたブックガイド。

1874 大学は何処へ ―未来への設計　吉見俊哉著

「ボタンの掛け違い」はなぜ起きたのか。危機からの「出口」はどこに？「時間」をキー概念に、再生のための戦略を提案する。

1875 モダン語の世界へ ―流行語で探る近現代―　山室信一著

世界が一つに繋がり、モガ・モボが闊歩した一九一〇～三〇年代。流行語を軸に人々の思想や風俗、日本社会の光と影を活写する。

1876 「オピニオン」の政治思想史 ―国家を問い直す―　堤林剣・堤林恵著

「オピニオン」。この曖昧な領域の歴史に、現代の危機を生き抜く鍵がある。国家論の歴史をたどり、政治の未来を大胆に見通す。

1877 好循環のまちづくり！　枝廣淳子著

活気のあるまちと沈滞するまちの二極化が進む。まちのビジョンを作り、悪循環の構造を可視化し、その構造を変えるメソッドを伝授。

1878 日本経済図説 第五版　宮崎勇・本庄真・田谷禎三著

アベノミクス、コロナショックなどを加味し、産業構造、金融、財政、国際収支、国民生活まで日本経済の実態を総点検する定番図説。

1879 ブッダが説いた幸せな生き方　今枝由郎著

目覚めた人ブッダは何を説いたのか。六十年余の原典研究と思索、長期のブータン滞在生活から導かれたブッダのユマニスム的幸福論。

1880 チャリティの帝国 ―もうひとつのイギリス近現代史―　金澤周作著

産業革命、帝国主義の時代から現代へ。弱者への共感と同情がイギリスの歴史と社会にもたらした個性を、チャリティに探る。

(2021. 6)

岩波新書新赤版一〇〇〇点に際して

ひとつの時代が終わったと言われて久しい。だが、その先にいかなる時代を展望するのか、私たちはその輪郭すら描きえていない。二〇世紀から持ち越した課題の多くは、未だ解決の緒を見つけることのできないままであり、二一世紀が新たに招きよせた問題も少なくない。グローバル資本主義の浸透、憎悪の連鎖、暴力の応酬――世界は混沌として深い不安の只中にある。

現代社会においては変化が常態となり、速さと新しさに絶対的な価値が与えられた。消費社会の深化と情報技術の革命は、種々の境界を無くし、人々の生活やコミュニケーションの様式を根底から変容させてきた。ライフスタイルは多様化し、一面では個人の生き方をそれぞれが選びとる時代が始まっている。同時に、新たな格差が生まれ、様々な次元での亀裂や分断が深まっている。社会や歴史に対する意識が揺らぎ、普遍的な理念に対する根本的な懐疑や、現実を変えることへの無力感がひそかに根を張りつつある。そして生きることに誰もが困難を覚える時代が到来している。

しかし、日常生活のそれぞれの場で、自由と民主主義を獲得し実践することを通じて、私たち自身がそうした閉塞を乗り超え、希望の時代の幕開けを告げてゆくことは不可能ではあるまい。そのために、いま求められていること――それは、個と個の間で開かれた対話を積み重ねながら、人間らしく生きることの条件について一人ひとりが粘り強く思考することではないか。その営みの糧となるものが、教養に外ならないと私たちは考える。歴史とは何か、よく生きるとはいかなることか、世界そして人間はどこへ向かうべきなのか――こうした根源的な問いとの格闘が、文化と知の厚みを作り出し、個人と社会を支える基盤としての教養となった。まさにそのような教養への道案内こそ、岩波新書が創刊以来、追求してきたことである。

岩波新書は、日中戦争下の一九三八年一一月に赤版として創刊された。創刊の辞は、道義の精神に則らない日本の行動を憂慮し、批判的精神と良心的行動の欠如を戒めつつ、現代人の現代的教養を刊行の目的とする、と謳っている。以後、青版、黄版、新赤版と装いを改めながら、合計二五〇〇点余りを世に問うてきた。そして、いままた新赤版が一〇〇〇点を迎えたのを機に、人間の理性と良心への信頼を再確認し、それに裏打ちされた文化を培っていく決意を込めて、新しい装丁のもとに再出発したいと思う。一冊一冊から吹き出す新風が一人でも多くの読者の許に届くこと、そして希望ある時代への想像力を豊かにかき立てることを切に願う。

（二〇〇六年四月）

大竹文雄

1961年京都府生まれ．1983年京都大学経済学部卒業，1985年大阪大学大学院経済学研究科博士前期課程修了，1996年大阪大学博士(経済学)．大阪大学社会経済研究所，同大学院経済学研究科教授などを経て，
現在−大阪大学感染症総合教育研究拠点特任教授
専攻−行動経済学，労働経済学
著書−『日本の不平等』(日本経済新聞社)により2005年日経・経済図書文化賞，2005年サントリー学芸賞，2005年エコノミスト賞を受賞．ほかに『経済学的思考のセンス』『競争と公平感』『競争社会の歩き方』(いずれも中公新書)，『経済学のセンスを磨く』(日本経済新聞出版社)，『医療現場の行動経済学』(平井啓との共編著，東洋経済新報社)などがある．
2006年日本経済学会・石川賞，2008年日本学士院賞受賞

行動経済学の使い方　　岩波新書(新赤版)1795

2019年9月20日　第1刷発行
2021年6月25日　第7刷発行

著　者　大竹文雄《おおたけふみお》

発行者　坂本政謙

発行所　株式会社 岩波書店
〒101-8002 東京都千代田区一ツ橋2-5-5
案内 03-5210-4000　営業部 03-5210-4111
https://www.iwanami.co.jp/

新書編集部 03-5210-4054
https://www.iwanami.co.jp/sin/

印刷製本・法令印刷　カバー・半七印刷

ISBN 978-4-00-431795-1　　Printed in Japan

文献解題

行動経済学という学問分野があることはよく知られるようになった．既に多くの優れた教科書も出版されている．行動経済学がどのようなものかを知るには，『ファスト＆スロー』ダニエル・カーネマン（ハヤカワ・ノンフィクション文庫，2014）が読み物として面白い．体系だった教科書としては，入門向けに，『行動経済学入門』筒井義郎，佐々木俊一郎，山根承子，グレッグ・マルデワ（東洋経済新報社，2017）が分かりやすい．もう少し進んだレベルの教科書で伝統的経済学と行動経済学の関連を明確にしているのが，『行動経済学 新版』大垣昌夫，田中沙織（有斐閣，2018）である．

行動経済学は極めて実践的な学問である．本書で紹介したナッジで私たちの行動をよりよいものに変えていくことができる．具体的なナッジの例が紹介されているのは，『実践 行動経済学』リチャード・セイラー，キャス・サンスティーン（日経BP社，2009）である．行動経済学の実践を念頭におきながら図解で分かりやすく紹介した本が，『今日から使える行動経済学』山根承子，黒川博文，佐々木周作，髙阪勇毅（ナツメ社，2019）だ．『世界の行動インサイト―公共ナッジが導く政策実践』経済協力開発機構編著（明石書店，2018）には，世界のナッジの事例が紹介されている．

日本においてもナッジを政策に活かしていこうという取組みが始まっている．日本版ナッジ・ユニット（BEST）が2017年4月に設立され，様々な日本での研究事例が紹介されている．

http://www.env.go.jp/earth/ondanka/nudge.html

以下では，補足的な意味も含めて，各章のトピックスに関連する文献を紹介しよう．興味をもった読者はぜひ参照してみてほしい．

第1章　行動経済学の基礎知識

プロスペクト理論

プロスペクト理論において，小さな確率を意思決定で重視してしまうことは，客観的確率と意思決定に用いる確率の関係を示す図1-1のS字型の曲線で示されており，「確率加重関数」と呼ばれている．ただし，確率加重関数の値をそのまま意思決定に用いると，意思決定に用いる確率の合計が1にならないという問題が発生する．

この問題を解消するために，プロスペクト理論では次のような工夫がされている．利得局面では最も望ましい事象に関する確率加重関数の値(損失局面では最も望ましくない事象に関する主観的確率)を用いる．そして，次に望ましい事象(損失局面では次に望ましくない事象)については，最も望ましいものとその次に望ましいものが発生する客観的確率に対する確率加重関数値から最も望ましいものが発生する客観的確率の確率加重関数値を引いたものを意思決定に使う．

例えば，コインを投げて表が出れば2万円，裏が出れば何ももらえないという意思決定を考える．表が出るという50%の客観的確率に対する確率加重関数で示される確率が0.4だとすれば，2万円もらえるという望ましい方に0.4という確率加重値を用いる．何ももらえないという状況については，表が出る可能性と裏が出るという可能性のどちらかが発生するという状況についての確率加重値から表が出るという確率加重値を引いたものになる．

表か裏かのどちらかが出るのは確実であり，それは1という客観的確率になる．その時の確率加重値も1になる．したがって，裏が出るときの意思決定に用いるものは，1から0.4を引いた0.6になる．詳しくは，Tversky & Kahneman(1992)を見てほしい．

自信過剰

自分の成功確率を客観的確率よりも高く考える傾向の男女差から，競争についての好みの男女差を説明する研究については，

水谷他(2009)を参照．また，男性の方が女性よりもリーダーに選ばれやすいのは自信過剰だからだということを示した研究はReuben *et al.*(2012)である．

損失回避

「10％の可能性で死ぬ」と「90％の可能性で生き残る」は，どちらも同じことであるが，損失を強調された表現の場合だとその選択肢を選ぶのを躊躇する．このようなフレーミング効果の具体例は，カーネマン(2014)に詳しい．

実証分析によれば，多くの投資家は，株が上がったときに売っており，損失が生じたときには売っていない．株式投資で損失が発生しても損切りができないということを，プロスペクト理論の損失回避で説明できそうに思われる．しかし，損失が発生しそうな時に売却しないのではなく，一部売却することでそれ以上の損失を避け，株価が上がったときの損失を避けることもできる．損失回避がある場合には，株価が下がった際に一部売却行動が発生すると予測できる．つまり，未実現の損失から損失回避を感じるのであれば，投資家が損切りをできないということを説明できない．損切りができないということを説明するには，投資家は実現した損失から損失回避を感じるという仮定が必要だということをBarberis & Xiong(2009)が理論的に示している．

保有効果

マグカップ実験によって保有効果を示した研究は，Kahneman *et al.*(1990)である．モノを保有する前後で，そのモノに対する評価が変わってしまうという保有効果という特性は，伝統的経済学で強みとされた政策評価を困難にしてしまう．Aという政策とBという政策のどちらが好ましいかを事前に評価しても，実際に人々がものを手にした後での評価が異なってしまう可能性があるからだ．

現在バイアス

伝統的な経済学では，将来の満足度を現在どのように感じるかを示す際に，人間は指数割引関数を用いていると想定されてき

た．つまり，$0 < \delta < 1$ である δ を用いて，0 時点で t 期先の効用 U_t の現在価値を $\delta^t U_t$ と表して，将来の効用を指数関数で割り引くのである．このような場合には，現在バイアスは発生せず，人間は遠い将来の意思決定について，それが近づいてきても先延ばしすることはない．銀行預金の金利も住宅ローンの金利も，指数関数になっている．

現在バイアスを表す時間割引の関数としては，準双曲割引が経済分析で用いられることが多い．指数割引では，0 時点で t 期先の効用 U_t の現在価値を $\delta^t U_t$ と表すように，どの時点でも割引因子は δ^t である．一方，準双曲割引では，0 時点において，0 期の効用の割引因子は 1，つまり，効用の現在価値は U_0 であるが，1 期以降の効用の割引因子は $\beta\delta^t$ であり，1 期以降の効用 U_t の現在価値は，$\beta\delta^t U_t$ と表される（$0 < \beta < 1$）．

この準双曲関数を用いれば，将来時点の割引因子は大きく忍耐強いが，今から明日にかけては割引因子が小さくなってせっかちな選択をしてしまいがちであるという現在バイアスを表現できる．

教養映画と娯楽映画の選択から現在バイアスとコミットメントの有効性を示した研究は，Read *et al.*(1999)である．仕事の締め切りを短く設定すると生産性が高くなることを示した研究は Ariely & Wertenbroch(2002)である．

サンクコスト

サンクコストは，金銭的な費用だけではなく，非金銭的な費用でも考えられる．何かの技術を身に付けるために努力を積み重ねてきた経験があると，技術革新でその技術の価値が大きく下がったとしても，私たちはその技術を使い続けることにこだわることが多い．福沢諭吉は，緒方洪庵の適塾においてオランダ語を身につけた後，江戸に出て，開港したばかりの横浜でオランダ語が通じなくて英語の時代になったことを知った時の経験を『福翁自伝』に記している．当時の蘭学者は，英語の時代になったことはわかっていた．しかし，オランダ語を身につけるための苦労はサンクコストになっているのに，それを取り戻したいと考えて，オランダ語にこだわり，英語を学ばなかったものが多数派だった．福沢諭吉は，これから先のことを考えて英

語を勉強したと述べている．サンクコストをしっかり識別することの重要性がわかる．

所得変動と認知能力

途上国において収穫前で所得が少ない時点の農家は，収穫後の裕福な時点よりも認知能力が下がっていることを示した研究に Mani *et al.*(2013)がある．

選択肢過剰

Iyengar & Lepper(2000)は，選択肢が多すぎると選択そのものをしなくなることをスーパーマーケットで6種類のジャムと24種類のジャムを展示販売した際の売上比較で示した．6種類の展示の時の方がより多く売れたのである．

平均への回帰

平均への回帰を具体的な例で説明しよう．10枚のコインを投げて表の枚数1枚あたり100円がもらえるゲームをしているとする．表の枚数の平均値は何になるだろうか．数学的な期待値は5枚であるから期待利得は500円である．では，1回目に表だったのは1枚だけだったとしよう．では，この次にコインを10枚投げると，表の枚数の期待値はいくらだろうか．やはり5枚で変わらない．しかし，表の枚数が1枚より多くなる確率は，1枚しか表にならない確率よりも高い．

逆に，10枚表が出たあと，次に表が出る枚数の期待値は5枚である．また次も10枚表が出る確率よりも，9枚以下の数の表が出る確率は常に高い．これは事実だが，1枚しか表が出なければ，次の回は表がより出やすくなるわけではない．

たとえば，1枚しか表が出なかった場合に，コインを叱りつけてみる．次は，1枚より多くの枚数で表が出る可能性が高い．ということは，コインを叱りつけることで，表が多く出るようになったのだろうか．そんなことはない．コインの表が2枚以上出る確率は，1枚しか出ない確率よりも常に高い．コインを褒めたり，叱ったりすることは，コインの表が出る枚数と全く関係がないのは明らかだ．

代表性ヒューリスティック

代表性ヒューリスティックの例に，40 歳未満の人は虚血性心疾患だと診断されにくいことを示した研究がある（Coussens (2018)）．救急治療室に搬送された患者で 40 歳前後の人を比べると，40 歳を少し超えた人は，40 歳未満の人に比べて，虚血性心疾患の検査を受けてそのように診断されることが多いという．ほとんど同じ年齢であるにもかかわらず，30 歳代だと医療者は心筋梗塞を疑いにくいということが原因である．

プロジェクション・バイアス

プロジェクション・バイアスの例として，暑い日には（開閉式の）オープンカーやプール付きの家がいつもより多く売れ，雪の日には 4 輪駆動車が多く売れるということを示したアメリカの研究もある（Busse *et al.*（2012, 2015））．その日が暑いから，この先も暑い日がずっと続くと思い込んでしまうのである．

第 1 章参考文献

Ariely D, Wertenbroch K. Procrastination, Deadlines, and Performance: Self-Control by Precommitment. *Psychological Science* 2002, 13(3): 219–224.

Barberis N, Xiong W. What Drives the Disposition Effect? An Analysis of a Long-Standing Preference-Based Explanation. *Journal of Finance* 2009, 64(2): 751–784.

Busse MR, Pope DG, Pope JC, Silva-Risso J. Projection Bias in the Car and Housing Markets. *NBER WP* 2012, No.18212

Busse MR, Pope DG, Pope JC, Silva-Risso J. The Psychological Effect of Weather on Car Purchases. *The Quarterly Journal of Economics* 2015, 130(1): 371–414.

Coussens S. Behaving Discretely: Heuristic Thinking in the Emergency Department. 2018.

https://www.stephencoussens.com/research

Iyengar SS, Lepper MR. When Choice Is Demotivating: Can One Desire Too Much of a Good Thing? *Journal of Personality and Social Psychology* 2000, 79(6): 995–1006.

Kahneman D, Knetsch JL, Thaler RH. Experimental Tests of the

Endowment Effect and the Coase Theorem. *Journal of Political Economy* 1990, 98(6): 1325-1348.

Mani A, Mullainathan S, Shafir E, Zhao J. Poverty Impedes Cognitive Function. *Science* 2013, 341(6149): 976-980.

Read D, Loewenstein G, Kalyanaraman S. Mixing Virtue and Vice: Combining the Immediacy Effect and the Diversification Heuristic. *Journal of Behavioral Decision Making* 1999, 12(4): 257-273.

Reuben E, Rey-Biel P, Sapienza P, Zingales L. The Emergence of Male Leadership in Competitive Environments. *J Econ Behav Organ* 2012, 83(1): 111-117.

Tversky A, Kahneman D. Advances in Prospect Theory: Cumulative Representation of Uncertainty. *J Risk Uncertain* 1992, 5 (4): 297-323.

ダニエル・カーネマン『ファスト＆スローーあなたの意思はどのように決まるか？』村井章子訳．東京：ハヤカワ・ノンフィクション文庫；2014.

水谷徳子，奥平寛子，木成勇介，大竹文雄．自信過剰が男性を競争させる．行動経済学 2009，2：60-73.

第2章　ナッジとは何か

ナッジとスラッジ

ナッジの定義と様々な例を示した基本的文献は，セイラー，サンスティーン(2009)である．Thaler(2018)は，行動経済学の悪用とも言えるスラッジについての解説を行っている．

大手商社の朝型勤務制度

本文で説明した朝型勤務制度は，2013 年 10 月から伊藤忠商事が導入したものである．この制度の導入で，伊藤忠商事では残業時間が約 10% 強減少したという．

http://career.itochu.co.jp/student/culture/environment.html

ナッジの設計

ナッジ設計のプロセスフローについてのOECD，行動洞察チーム，ideas 42による解説はそれぞれ，OECD(2018)，

Haynes *et al.*(2012), Barrows *et al.*(2018)で詳しく説明されている．また，ナッジの設計については，Ly *et al.*(2013)も参考になる．

臓器提供の意思表示のデフォルト

臓器提供の意思表示のデフォルトによる実効的提供意思率の国際的な違いを示したのは，Johnson & Goldstein(2003)である．

老後貯蓄促進のナッジ

2019年6月3日の金融審議会市場ワーキング・グループ報告書「高齢社会における資産形成・管理」で「収入と支出の差である不足額約5万円が毎月発生する場合には，20年で約1,300万円，30年で約2,000万円の取崩しが必要になる」と記載された．この記載が退職時に2,000万円の資産が必要であり，公的年金では不十分であるというメッセージだと報道された．政治的問題としてとりあげられ，国民の不安を増したということで，財務大臣がこの報告書を正式に受け取らない，という事態になった．この報告書は政治問題化したが，老後貯蓄の必要性を示すわかりやすいガイドラインとして機能したことの反映でもある．

https://www.fsa.go.jp/singi/singi_kinyu/tosin/20190603/01.pdf

避難促進ナッジ

自然災害時の予防的避難を促進する手法として，事前に計画を立てコミットメントをするという手法は，自然災害の発生が予想される際にはいつ何をするかを決めておく「タイムライン」の作成や，特定の自然現象が発生した場合に避難するということをあらかじめ決めておく「避難スイッチ」の設定として提唱されている．矢守・竹之内・加納(2018)は，個人や地域で自主的に避難スイッチを設定することを提案している．「これまで豪雨時に避難勧告で避難した人は，まわりの人が避難していたから避難したという人がほとんどでした．あなたが避難しないと人の命を危険にさらすことになります」というメッセージが有効であることを明らかにした広島県でのアンケート結果の概要は，「災害時の避難行動を促進するメッセージについて(案)」

に示されている．
https://www.pref.hiroshima.lg.jp/uploaded/attachment/354548.pdf
ハリケーンの際に避難しない人を避難させるために，「避難しない場合は，社会保障番号をマジックで身体に書いて下さい」という呼びかけをするというナッジは，セイラー(2016)で，ニューヨーク・タイムズ紙のコラムニスト，Tierney(2005)のアイデアとして紹介されている．

津波避難の三原則

津波避難の三原則とは，第1「想定にとらわれるな」，第2「最善をつくせ」，第3「率先避難者たれ」である(片田(2012))．意味はつぎのとおり．第1は，ハザードマップなどで安全とされていても，油断すべきではない．第2は，一時的に避難した場所が一番安全な場所とは限らないので，より安全な別の場所に避難できるかを考える，そのときに出来る最善をつくして避難行動をする．第3は，大丈夫だろうという正常性バイアスを乗り越えて，率先して避難することが，周囲の人の避難行動も促進することになる．

ナッジの倫理的問題

人々が自分の理想的行動を知っていて，その行動を取りたいのに，行動経済学的バイアスでその行動を取れない場合に，ナッジを用いて理想的行動を取れるようにする際には，倫理的問題は小さい．しかし，人々がそのような行動を取りたいと思っていない場合やそのような行動を取るべきかどうかわからない場合に，ナッジによって行動を変容させることについては，倫理的な問題の可能性がある．もし，正しい知識を得たならば望ましい行動を取れるという場合には，その方向に行動を促すためにナッジを用いることは許容されるだろう．また，その人の行動が他人に悪影響を与えるような場合には，伝統的経済学でも課税によって行動を変容させることが望ましいとされている．このような外部性がある場合にもナッジは正当化されると考えられる．いずれにしても，政府がナッジを用いる場合は，その理由を明らかにするという透明性が重要である．これらのナッジの倫理的問題については，Sunstein(2015)が詳しい．

第2章参考文献

Barrows A, Dabney N, Hayes J, Rosenberg R. Behavioral Design Teams: A Model for Integrating Behavioral Design in City Government. Ideas 42; 2018.

Haynes L, Service O, Goldacre B, Torgerson D. Test, Learn, Adapt: Developing Public Policy with Randomised Controlled Trials. Cabinet Office and Behavioural Insights Team; 2012.

Johnson EJ, Goldstein D. Do Defaults Save Lives? *Science* 2003, 302(5649): 1338-1339.

Ly K, Mazar N, Zhao M, Soman D. A Practitioner's Guide to Nudging. *Rotman School of Management Working Paper* 2013, No. 2609347.
(https://ssrn.com/abstract=2609347)

OECD. Behavioural Insights Toolkit and Ethical Guidelines for Policy Makers. OECD; 2018.

Sunstein C. The Ethics of Nudging. *Yale Journal on Regulation* 2015, 32(2).

Thaler RH. Nudge, Not Sludge. *Science* 2018, 361(6401): 431.

Tierney J. Magic Marker Strategy. *New York Times*, September 6, 2005.
https://www.nytimes.com/2005/09/06/opinion/magic-marker-strategy.html

リチャード・セイラー，キャス・サンスティーン『実践　行動経済学－健康，富，幸福への聡明な選択』遠藤真美訳．東京：日経BP社；2009.

リチャード・セイラー『行動経済学の逆襲』遠藤真美訳．東京：早川書房；2016.

片田敏孝．子どもたちを守った「姿勢の防災教育」－大津波から生き抜いた釜石市の児童・生徒の主体的行動に学ぶ．災害情報 2012，No.10：37-42.

矢守克也，竹之内健介，加納靖之．避難のためのマイスイッチ・地域スイッチ．2017年九州北部豪雨災害調査報告書(2018)：99-102.

第3章　仕事のなかの行動経済学

タクシー運転手の労働供給

Camerer *et al.*(1997)は，お客さんが多く時間あたり賃金が高い日ほどタクシー運転手の労働時間が短くなるということを明らかにして，伝統的経済学の想定とは逆であることを示した．しかし，この研究では，時間あたり賃金が1日の所得金額を労働時間で除して計算されていた．タクシー運転手の労働時間は，労働開始時間と労働終了時間は正確に計測されていても，途中の休憩時間がどの程度あったかはわからない．つまり，タクシー運転手の労働時間のデータには誤差がある．労働時間のデータにプラスの誤差がある場合には，算出された時間あたり賃金にはマイナスの誤差が発生してしまうので，労働時間に誤差があると時間あたり賃金と労働時間の間には，マイナスの相関が自動的に観測されてしまうことになる．

そこで，Farber(2005)は，時間あたり賃金を用いないで，タクシー運転手が1日の目標所得を設定して労働時間を決めているという仮説を検証し，それに否定的な結果を得た．さらに，Farber(2008)は，タクシー運転手の1日の目標所得の存在と変動の程度を調べ，目標所得が高すぎることと変動が大きいことを示し行動経済学での説明に否定的な結果を得た．一方，Crawford & Meng(2011)は伝統的経済学と行動経済学の折衷的な考え方で，目標所得の存在を示した．

プロゴルファーの損失回避

Pope & Schweitzer(2011)は，アメリカのプロゴルファーのデータを用いて，バーディ・パットよりもパー・パットの方が成功確率の高いことから損失回避の存在を示した．Elmore & Urbaczewski(2019)は，アメリカプロゴルフのUSオープンで，パーの数が引き下げられた結果，平均打数も下がったことを示した．

ピア効果の研究

Mas & Moretti(2009)は，スーパーマーケットのレジ打ちの仕

事からピア効果を検証した．競泳のデータを用いてピア効果を検証したのは，Yamane & Hayashi (2015) であり，優秀な水泳選手がチームに移ってくるとそのチームの他の選手の成績が向上することを示したのは，Yamane & Hayashi (2018) である．フルーツ摘みの仕事でピア効果が観察されるかを検証した研究もある．Bandiera *et al.* (2010) は，イギリスの農場でフルーツ摘みの仕事において，同じ区画に割り当てられた友人からの生産性の影響を分析したものである．分析の結果，同じ区画で働く友人のうち，最も高い生産性の人は 10% 生産性が下がるが，2 番目以下の生産性の人は 10% 生産性が上がるというピア効果を観察した．つまり，トップクラスの人は，友人の方が生産性が低いため，ピア効果で生産性が下がってしまうが，それ以外の人にはプラスの効果があるのだ．

第 3 章参考文献

Bandiera O, Barankay I, Rasul I. Social Incentives in the Workplace. *Review of Economic Studies* 2010, 77(2): 417–458.

Camerer C, Babcock L, Loewenstein G, Thaler R. Labor Supply of New York City Cabdrivers: One Day at a Time. *The Quarterly Journal of Economics* 1997, 112(2): 407–441.

Crawford VP, Meng J. New York City Cab Drivers' Labor Supply Revisited: Reference-Dependent Preferences with Rational-Expectations Targets for Hours and Income. *American Economic Review* 2011, 101(5): 1912–1932.

Elmore R, Urbaczewski A. Loss Aversion in Professional Golf. *SSRN Electronic Journal* 2019.

Farber HS. Is Tomorrow Another Day? The Labor Supply of New York City Cabdrivers. *Journal of Political Economy* 2005, 113(1): 46–82.

Farber HS. Reference-Dependent Preferences and Labor Supply: The Case of New York City Taxi Drivers. *American Economic Review* 2008, 98(3): 1069–1082.

Mas A, Moretti E. Peers at Work. *American Economic Review* 2009, 99(1): 112–145.

Pope DG, Schweitzer ME. Is Tiger Woods Loss Averse? Persistent

Bias in the Face of Experience, Competition, and High Stakes. *American Economic Review* 2011, 101(1): 129–157.
Yamane S, Hayashi R. Peer Effects among Swimmers. *Scandinavian Journal of Economics* 2015, 117(4): 1230–1255.
Yamane S, Hayashi R. The Superior Peer Improves Me: Evidence from Swimming Data. *Osaka University ISER Discussion Paper* 2018, No.1025.

第4章　先延ばし行動

名目賃金の下方硬直性と年功賃金

Kawaguchi & Ohtake(2007)は，名目賃金が下げられると勤労意欲が下がることを日本のデータで明らかにした．山本・黒田(2017)は，賃金を下げなかった企業ほど，景気が上昇しても賃金が上昇しないことを示した．現在価値が小さいにもかかわらず人々が年功賃金を好むことを示した研究は，Loewenstein & Sicherman(1991)である．また，大竹(2005)は，彼らと似た手法を用いて日本でも年功賃金が好まれることを示した．

現在バイアスと労働者の行動

Paserman(2008)は，現在バイアスと失業者の職探し行動の関係を分析した．Lee & Ohtake(2014)は，現在バイアスが大きい失業者が派遣労働を選びやすいことを示した．モラル・ハザードではなく，現在バイアスが社会保障給付では重要ではないか，ということを示すものとして，失業給付の受給資格があるのに，失業給付や生活保護を受給していない人が多いことを示した研究がある(Blank & Card(1991)，Anderson & Meyer(1997)，駒村(2003)等)．貧困状態になると認知能力が低下することを示した研究として，Mani *et al.*(2013), Shah *et al.*(2012, 2015)，ムッライナタン，シャフィール(2015)などがある．現在バイアスが大きい人が長時間労働をする可能性が高いことを示した研究は，大竹・奥平(2009)，黒川・佐々木・大竹(2017)である．

休暇・育児休業取得促進ナッジ

警察庁で宿直明けの休暇をデフォルトにした事例は，「社会の課題解決のために行動科学を活用した取組事例　職場環境・働き方改革分野（休暇取得促進）：警察庁／中部管区警察局岐阜県情報通信部の取組」に概要が記されている．

http://www.env.go.jp/earth/ondanka/nudge/renrakukai07_1/mat01.pdf

千葉市における育休取得をデフォルトにして，育休を取得しない場合にその理由を申請させる制度への変更については，熊谷俊人・千葉市長の 2019 年 6 月 20 日のツイート

https://twitter.com/kumagai_chiba/status/1141582573417533444

および環境省ナッジユニットの資料に概要が示されている．

http://www.env.go.jp/earth/ondanka/nudge/renrakukai09/ref03.pdf

第 4 章参考文献

Anderson PM, Meyer BD. Unemployment Insurance Takeup Rates and the After-Tax Value of Benefits. *The Quarterly Journal of Economics* 1997, 112(3): 913-937.

Blank RM, Card DE. Recent Trends in Insured and Uninsured Unemployment: Is There an Explanation? *The Quarterly Journal of Economics* 1991, 106(4): 1157-1189.

Kawaguchi D, Ohtake F. Testing the Morale Theory of Nominal Wage Rigidity. *Industrial and Labor Relations Review* 2007, 61(1): 59-74.

Lee SY, Ohtake F. Procrastinators and Hyperbolic Discounters: Transition Probabilities of Moving from Temporary into Regular Employment. *Journal of the Japanese and International Economies* 2014, 34: 291-314

Loewenstein G, Sicherman N. Do Workers Prefer Increasing Wage Profiles? *Journal of Labor Economics* 1991, 9(1): 67-84.

Mani A, Mullainathan S, Shafir E, Zhao J. Poverty Impedes Cognitive Function. *Science* 2013, 341(6149): 976-980.

Paserman MD. Job Search and Hyperbolic Discounting: Structural Estimation and Policy Evaluation. *Economic Journal* 2008, 118

(531): 1418-1452.
Shah AK, Mullainathan S, Shafir E. Some Consequences of Having Too Little. *Science* 2012, 338(6107): 682-685.
Shah AK, Shafir E, Mullainathan S. Scarcity Frames Value, *Psychological Science*, 2015, 26(4): 402-412.
センディル・ムッライナタン，エルダー・シャフィール『いつも「時間がない」あなたに－欠乏の行動経済学』大田直子訳．東京：早川書房；2015.
駒村康平．低所得世帯の推計と生活保護制度．三田商学研究(慶應義塾大学商学会)2003，46(3)：107-126.
黒川博文，佐々木周作，大竹文雄．長時間労働者の特性と働き方改革の効果．行動経済学 2017，10：50-66.
山本勲，黒田祥子．給与の下方硬直性がもたらす上方硬直性．(玄田有史編『人手不足なのになぜ賃金が上がらないのか』東京：慶應義塾大学出版会；2017.)
大竹文雄，奥平寛子．長時間労働の経済分析．(鶴光太郎，樋口美雄，水町勇一郎編著『労働市場制度改革－日本の働き方をいかに変えるか』東京：日本評論社；2009.)
大竹文雄『日本の不平等－格差社会の幻想と未来』東京：日本経済新聞社；2005.

第5章　社会的選好を利用する

贈与交換

図書館の仕事で贈与交換による生産性向上がどの程度続くのかを実際に計測した研究は，Gneezy & List(2006)である．Kube *et al.*(2013)は，予定より賃金が引き上げられた場合と引き下げられた場合の労働者の生産性の変化を調べた．プレゼントだと認識させることで生産性上昇効果が大きくなることを示したのは，Kube *et al.*(2012)である．

競争選好や危険回避度の男女差

Sapienza *et al.*(2009)は，男性ホルモンであるテストステロンの唾液中濃度と胎児期におけるテストステロン照射の代理指数である人差し指と薬指の長さの比が，危険回避度と負の相関を

もっていることを明らかにしている．また，ビジネススクール卒業生において，これらの指標とリスクが高い産業である金融業への就職確率が相関することも明らかにしている．また，Buser(2012)は，女性ホルモンのうちプロゲステロンが競争選好と関係していることを経済実験から明らかにした．
Gneezy *et al.*(2003)は，男性は女性に比べて，競争的環境でより高い成果を発揮する傾向があることを示した．また，Gneezy & Rustichini(2004)は，男性が競争的環境で高い成果を発揮する傾向があるのは，子どもの頃からであることを示した．一方，Niederle & Vesterlund(2007)は，女性は男性に比べて競争的環境そのものを好まない傾向があることを示した．水谷他(2009)は，男女間での競争選好の違いが日本でも存在すること，女性は女性相手であれば競争を特に嫌わないことを示した．
Gneezy *et al.*(2009)は，父系社会のマサイ族と母系社会のカシ族で競争選好の実験を行い，カシ族では女性が競争を嫌うという結果が観察されないことを示した．Booth & Patrick(2012)は，女子校に通っている中学生や高校生では，競争選好の程度は男性と変わらなかったことを示した．トルコの小学生に対して成功に対する努力の重要性や忍耐強さを奨励するような教育をすると競争選好の男女差がなくなったことを示した研究は，Alan & Ertac(2019)である．

女性取締役比率を高めるためのナッジ

イギリス政府が女性取締役比率を高めるために用いたナッジの事例は，ボネット(2018)に書かれている．

無断キャンセルを減らすナッジ

イギリスの病院における無断キャンセルの防止策に関するナッジの研究は，Martin *et al.*(2012)でなされている．

第5章参考文献

Alan S, Ertac S. Mitigating the Gender Gap in the Willingness to Compete: Evidence from a Randomized Field Experiment. *J Eur Econ Assoc* 2019, 17(4): 1147-1185.
Booth A, Patrick N. Choosing to Compete: How Different Are Girls

and Boys? *Journal of Economic Behavior and Organization* 2012, 81(2): 542-555.

Buser T. The impact of the menstrual cycle and hormonal contraceptives on competitiveness. *Journal of Economic Behavior and Organization* 2012, 83(1): 1-10.

Gneezy U, Leonard KL, List JA. Gender differences in competition: Evidence from a matrilineal and a patriarchal society. *Econometrica* 2009, 77(5): 1637-1664.

Gneezy U, List JA. Putting Behavioral Economics to Work: Testing for Gift Exchange in Labor Markets Using Field Experiments. *Econometrica* 2006, 74(5): 1365-1384.

Gneezy U, Niederle M, Rustichini A. Performance in Competitive Environments: Gender Differences. *The Quarterly Journal of Economics* 2003, 118(3): 1049-1074.

Gneezy U. Rustichini A. Gender and competition at a young age. *American Economic Review* 2004, 94(2): 377-381.

Kube S, Maréchal MA, Puppe C. The Currency of Reciprocity: Gift Exchange in the Workplace. *American Economic Review* 2012, 102(4): 1644-1662.

Kube S, Maréchal MA, Puppe C. Do Wage Cuts Damage Work Morale? Evidence from a Natural Field Experiment. *Journal of the European Economic Association* 2013, 11(4): 853-870.

Martin SJ, Bassi S, Dunbar-Rees R. Commitments, Norms and Custard Creams: A Social Influence Approach to Reducing Did Not Attends (DNAs). *Journal of the Royal Society of Medicine* 2012: 105(3): 101-104.

Niederle M, Vesterlund L. Do Women Shy Away From Competition? Do Men Compete Too Much? *The Quarterly Journal of Economics* 2007, 122(3): 1067-1101.

Sapienza P, Zingales L, Maestripieri D. Gender Differences in Financial Risk Aversion and Career Choices Are Affected by Testosterone. *PNAS* 2009, 106(36): 15268-15273.

イリス・ボネット『WORK DESIGN－行動経済学でジェンダー格差を克服する』池村千秋訳．東京：NTT 出版；2018.

水谷徳子，奥平寛子，木成勇介，大竹文雄．自信過剰が男性を競

争させる．行動経済学　2009，2：60-73.

第６章　本当に働き方を変えるためのナッジ

意味のない仕事

報酬が同じでも意味のない仕事をさせられると生産性が低下することを示した研究は，Ariely *et al.*(2008)である．

具体的計画作成の重要性

失業者に求職活動の具体的な計画を立てさせて，それをチェックするようにすると就職率が向上したという研究は，Abel *et al.*(2019)である．

大相撲の星の貸し借り

７勝７敗の力士が勝ち星の貸し借りをしていた可能性が高いことを分析した研究が，レヴィット，ダブナー(2007)で紹介されている．

証券ディーラーの損失回避

Imas(2016)は，証券ディーラーで，半日単位で損失を確定する場合と１日単位で損失を確定する場合を比較して，１日単位の場合に午前中で損失を抱えると午後にリスクのある取引をする傾向があるという研究の紹介と，損失を確定させない場合には，その後リスクを取るようになることについての実験を行っている．

第６章参考文献

Abel M, Burger R, Carranza E, Piraino P. Bridging the Intention-Behavior Gap? The Effect of Plan-Making Prompts on Job Search and Employment. *American Economic Journal: Applied Economics* 2019, 11(2): 284-301.

Ariely D, Kamenica E, Prelec D. Man's Search for Meaning: The Case of Legos. *Journal of Economic Behavior and Organization* 2008, 67(3-4): 671-677.

Imas A. The Realization Effect: Risk-Taking after Realized versus

Paper Losses. *American Economic Review* 2016, 106(8): 2086-2109.
スティーヴン・D・レヴィット，スティーヴン・J・ダブナー『ヤバい経済学［増補改訂版］』望月衛訳．東京：東洋経済新報社；2007.

第7章　医療・健康活動への応用

医療分野におけるナッジ

医療健康分野におけるナッジの研究の展望は，佐々木・大竹(2019)でなされている．八王子市における大腸がん検診受診率を引き上げるための損失回避を利用したナッジの実証実験は，福吉(2018)である．Milkman *et al.*(2011)は，インフルエンザワクチンの接種率を上げるためのナッジの実験を行った．緩和ケアを選ぶか，延命ケアを選ぶかという終末期の治療選択において，デフォルト設定がどのような影響を与えるかを分析した研究は，Halpern *et al.*(2013)である．医療者が利得フレームと損失フレームでがんの治療を受けるかどうかについての研究とあまり推奨しないがんの治療法についてのメッセージに関する研究は，吉田(2018)である．

減量ナッジ

コミットメント手段を提供するインターネット・サイトとしては「stickK.com」を参照．http://www.stickk.com/

利き手の親指の爪に「キ」と書いて，食事の度に自分はダイエット中であることを思い起こさせるダイエット法については，仲野(2018)を参照．減量についてのナッジの効果検証研究には，Volpp *et al.*(2008), Patel *et al.*(2016)などがある．ポケモン GO をする人たちの歩行数が高まったことを示した研究として，Howe *et al.*(2016), Hino *et al.*(2019)がある．

ジェネリック医薬品使用促進のナッジ

先発医薬品によってはそれと同じ効果をもつジェネリック医薬品が存在しない場合もある．したがって，本章で紹介したジェネリック医薬品シェアには，ジェネリック医薬品が存在する先

発医薬品の数量とジェネリック医薬品数量のうちの，ジェネリック医薬品の数量の比率が用いられている．徳島県におけるジェネリック医薬品の使用促進ナッジの効果検証は，依田(2019)に基づいている．福井県におけるジェネリック医薬品の使用促進ナッジの効果検証は，「後発薬品使用促進事業(平成30年度行政レビュー公開プロセス資料)」平成30年6月7日に詳しい．

臓器提供のナッジ

日本の臓器移植の現状に関する統計は，「公益社団法人日本臓器移植ネットワーク News Letter 2018, Vol.22」をもとにしている．ウェブでの運転免許の書き換えの際の臓器提供のドナー登録勧誘ナッジの研究は，The Behavioural Insights Team(2013)である．日本における臓器提供ドナー登録勧誘ナッジの研究は，大竹他(2018)を元にしている．

第7章参考文献

Halpern SD, Loewenstein G, Volpp KGM, Cooney EC, Vranas KC, Quill CM, McKenzie MS *et al.* Default Options in Advance Directives Influence How Patients Set Goals for End-of-Life Care. *Health Affairs* 2013, 32(2): 408-417.

Hino K, Asami Y, Lee JS. Step Counts of Middle-Aged and Elderly Adults for 10 Months Before and After the Release of Pokémon GO in Yokohama, Japan. *Journal of Medical Internet Research* 2019, 21(2): e 10724.

Howe KB, Suharlim C, Ueda P *et al.* Gotta Catch'em All! Pokémon GO and Physical Activity among Young Adults: Difference in Differences Study. *BMJ* (Online) 2016, 355: i 6270.

Milkman KL, Beshears J, Choi JJ, Laibson D, Madrian BC. Using Implementation Intentions Prompts to Enhance Influenza Vaccination Rates. *PNAS* 2011, 108(26): 10415-10420.

Patel MS, Asch DA, Rosin R *et al.* Framing Financial Incentives to Increase Physical Activity among Overweight and Obese Adults: A Randomized, Controlled Trial. *Annals of Internal Medicine* 2016, 164(6): 385-394.

The Behavioural Insights Team. Applying Behavioural Insights to

Organ Donation: Preliminary Results from a Randomised Controlled Trial 2013.
Volpp KG, John LK, Troxel AB, Norton L, Fassbender J, Loewenstein G. Financial Incentive-Based Approaches for Weight Loss: A Randomized Trial. *JAMA* 2008, 300(22): 2631-2637.
依田高典．行動経済学の特効薬「ナッジ」の効き目．週刊東洋経済 2019, 4.6：78-79.
佐々木周作，大竹文雄．医療現場の行動経済学：意思決定のバイアスとナッジ．行動経済学 2019, 11：110-120.
大竹文雄，佐々木周作，平井啓，工藤直志．臓器提供の意思表示に関する介入研究：プログレスレポート．2018 年度行動経済学会報告論文
仲野徹『(あまり)病気をしない暮らし』東京：晶文社；2018.
福吉潤．どうすればがん検診の受診率を上げられるのか：大腸がん検診における損失フレームを用いた受診勧奨．(大竹文雄，平井啓編著『医療現場の行動経済学－すれ違う医者と患者』東京：東洋経済新報社；2018.)
吉田沙蘭，行動経済学的アプローチを用いたがん患者の意思決定支援．(大竹文雄，平井啓編著『医療現場の行動経済学』東京：東洋経済新報社；2018)

第 8 章　公共政策への応用

税金の行動経済学

所得税と消費税の等価性を実労働実験で検証したのは Blumkin *et al.*(2012)である．Chetty *et al.*(2009)は，スーパーマーケットで価格表示を税込に変えると売り上げが減少したことを示した．Abeler & Jäger(2015)は，複雑な税制のもとでは，最適な労働供給行動を取れなくなることを示した．消費税と所得税で，同じ税率であれば消費税の方が負担が少ないにもかかわらず，人々は消費税による課税を好まないことを示したのは Kurokawa *et al.*(2016)である．Lehmann *et al.*(2013)は，個人所得税率の変化には労働供給は影響を受けるが，事業主負担の税率の変化には労働供給行動が変わらなかったことを示した．Saez *et al.*(2012)は，事業主負担の賃金税が高所得者の労働供

給に影響を与えなかったことを示した．同じ手取り賃金だけれども比例税，累進所得税，ボーナス，物品税などの異なる税制に直面しているケースを比較すると，手取り賃金が明確に表現されている場合に労働供給と努力水準が高まることを示したのは，Hayashi *et al.*(2013)である．Fochmann *et al.*(2013)は，税引き前賃金が高い方が，同じ手取り賃金で税金が少ない場合よりも労働供給が多くなることを明らかにした．

政策とナッジ

Milkman *et al.*(2012)は，損失メッセージを含むか含まないかという法律の提案の仕方で採択されるか否かが変わってくる可能性があることを実験で示した．Epley *et al.*(2006)は，還付金と呼ぶかボーナスと呼ぶかで消費に与える影響が異なることを示した．Hallsworth *et al.*(2017)は，納税の督促状に多数派の人たちは期限を守って納税していて納税していないのは少数派であるというメッセージが有効であることを示した．

献血行動と血液型

縄田(2014)は，性格と血液型の間に統計的な関係が観察されないことを示した．Sasaki *et al.*(2018)は，O 型の血液型の人は，他の血液型と利他性は変わらないのに献血率が高いことを示した．

第 8 章参考文献

Abeler J, Jäger S. Complex Tax Incentives. *American Economic Journal: Economic Policy* 2015, 7(3): 1-28.

Blumkin, T, Ruffle BJ, Ganun Y. Are Income and Consumption Taxes Ever Really Equivalent? Evidence from a Real-Effort Experiment with Real Goods. *European Economic Review* 2012, 56(6): 1200-1219.

Chetty R, Looney A, Kroft K. Salience and Taxation: Theory and Evidence. *American Economic Review* 2009, 99(4): 1145-1177.

Epley N, Mak D, Idson LC. Bonus or Rebate? The Impact of Income Framing on Spending and Saving. *Journal of Behavioral Decision Making* 2006, 19(3): 213-227.

Fochmann M, Weimann J, Blaufus K *et al.* Net Wage Illusion in a Real-Effort Experiment. *Scandinavian Journal of Economics* 2013, 115(2): 476-484.

Hallsworth M, List JA, Metcalfe RD, Vlaev I. The Behavioralist as Tax Collector: Using Natural Field Experiments to Enhance Tax Compliance. *Journal of Public Economics* 2017, 148: 14-31.

Hayashi AT, Nakamura BK, Gamage D. Experimental Evidence of Tax Salience and the Labor-Leisure Decision: Anchoring, Tax Aversion, or Complexity? *Public Finance Review* 2013, 41(2): 203-226.

Kurokawa H, Mori T, Ohtake F. A Choice Experiment on Taxes: Are Income and Consumption Taxes Equivalent? *Osaka University ISER Discussion Paper* 2016, No.966.

Lehmann E, Marical F, Rioux L. Labor Income Responds Differently to Income-Tax and Payroll-Tax Reforms. *Journal of Public Economics* 2013, 99: 66-84.

Milkman KL, Mazza MC, Shu LL *et al.* Policy Bundling to Overcome Loss Aversion: A Method for Improving Legislative Outcomes. *Organizational Behavior and Human Decision Processes* 2012, 117(1): 158-167.

Saez E, Matsaganis M, Tsakloglou P. Earnings Determination and Taxes: Evidence from a Cohort-Based Payroll Tax Reform in Greece. *The Quarterly Journal of Economics* 2012, 127(1): 493-533.

Sasaki S, Funasaki Y, Kurokawa H, Ohtake F. Blood Type and Blood Donation Behaviors: An Empirical Test of Pure Altruism Theory. *Osaka University ISER Discussion Paper* 2018, No.1029.

縄田健悟．血液型と性格の無関連性－日本と米国の大規模社会調査を用いた実証的論拠．心理学研究 2014，85(2)：148-156.